Les écr

GW00689699

Le Bon Sauvage
« L'Ingénu » de Voltaire

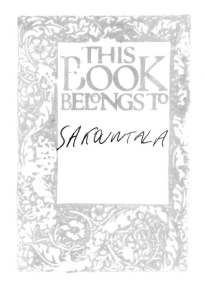

Claude Eterstein, professeur agrégé

GALLIMARD

LE VENDREDI 12 OCTOBRE, COLOMB MET LE PIED SUR UNE ÎLE, L'ARCHIPEL DES BAHAMAS, QU'IL BAPTISE SAN SALVADOR (AUJOURD'HUI WALTING). PAR LA LETTRE D'AMERIGO VESPUCCI, *MUNDUS NOVUS* (1503), LES EUROPÉENS DÉCOUVRENT L'EXISTENCE DE PEUPLES SAUVAGES QUI NE CONNAISSENT NI PROPRIÉTÉ, NI ARMES, NI RELIGION, NI INTERDIT SEXUEL.

L'OUVRAGE DE LAS CASAS, *TRÈS BRÈVE RELATION DE LA DESTRUCTION DES INDES*, PARAÎT À SÉVILLE. ARRIVÉ À HISPANIOLA (HAÏTI) EN 1502, LAS CASAS EST DEVENU PRÊTRE POUR SE CONSACRER À LA DÉFENSE DES INDIENS. IL ESTIME À 15 MILLIONS LE NOMBRE D'INDIGÈNES MASSACRÉS ENTRE 1492 ET 1542.

PREMIÈRE ÉDITION DES *ESSAIS* DE MONTAIGNE : ELLE CONTIENT LE CHAPITRE « DES CANNIBALES », QUI FAIT L'ÉLOGE DES PEUPLES CARAÏBES, CES NATIONS QUI VIVENT ENCORE SOUS « LES LOIS NATURELLES ». LE CHAPITRE « DES COCHES », AJOUTÉ EN 1588, STIGMATISE LA DESTRUCTION DE LA HAUTE CIVILISATION AZTÈQUE ET LES MASSACRES ENGENDRÉS PAR NOTRE CUPIDITÉ.

*N*é au XVIe siècle avec la découverte de l'Amérique, nourri par les récits des voyageurs, le mythe du bon sauvage culmine au XVIIIe siècle.

« Il retourne chez ses égaux » : frontispice du Discours sur l'origine de l'inégalité de Rousseau.

Déjà Montaigne dénonce le racis[me] engendré par l'ignorance.

Étude d'Eugène Delacroix pour Les Natchez, *inspiré du roman de Chateaubriand.*

PUBLICATION À LA HAYE DES *DIALOGUES CURIEUX ENTRE L'AUTEUR ET UN SAUVAGE DE BON SENS* PAR LE BARON DE LA HONTAN (1666 - V. 1715). CE GENTILHOMME FRANÇAIS A PARTAGÉ LA VIE DES HURONS AU CANADA. SON LIVRE INSPIRE TOUTES LES REPRÉSENTATIONS DU BON SAUVAGE AU XVIIIᵉ SIÈCLE.

ROUSSEAU DEVIENT CÉLÈBRE PAR DEUX DISCOURS (1750 ET 1755) QUI CONDAMNENT LA DÉPRAVATION DE L'HOMME CIVILISÉ. IL FAIT L'HYPOTHÈSE QUE L'HUMANITÉ A DÛ CONNAÎTRE UN ÂGE PLUS HEUREUX, PROCHE DE CELUI DES PEUPLES SAUVAGES ACTUELS.

Le Nouveau Monde illustré par Théodore de Bry au XVIᵉ siècle : sacrifice au roi d'un nouveau-né.

4

CHATEAUBRIAND, ÂGÉ DE 23 ANS, VISITE L'AMÉRIQUE DU NORD. PARTI POUR ÉCRIRE « L'ÉPOPÉE DE L'HOMME DE LA NATURE », IL CHANGE D'AVIS EN OBSERVANT LES MŒURS SAUVAGES : « JE NE CROIS POINT QUE LA PURE NATURE SOIT LA PLUS BELLE CHOSE DU MONDE. »

TRISTES TROPIQUES DE LÉVI-STRAUSS. ESSAI SUR L'ETHNOLOGIE ET RÉCIT DE MISSIONS AU BRÉSIL DANS LES ANNÉES 1930, LE LIVRE DÉNONCE LA POURSUITE DU GÉNOCIDE CONTRE LES INDIENS D'AMAZONIE.

VENDREDI OU LES LIMBES DU PACIFIQUE. LE ROMANCIER FRANÇAIS MICHEL TOURNIER ÉCRIT UN NOUVEAU *ROBINSON CRUSOÉ* EN VALORISANT LE RÔLE DE VENDREDI. LE ROMAN SYNTHÉTISE QUELQUES GRANDS COURANTS DE L'ÉPOQUE HIPPIE : ANTI-CAPITALISME, ANTICOLONIALISME, ÉCOLOGIE, HÉDONISME.

Découverte en 1767, Tahiti apparaît, de Diderot à Gauguin, comme un jardin paradisiaque :
Doux rêves de Gauguin.

NAVE NAVE MOE

DANSE AVEC LES LOUPS DE KEVIN KOSTNER REÇOIT 7 OSCARS À HOLLYWOOD. DEPUIS *LITTLE BIG MAN*, LE CINÉMA AMÉRICAIN A, LUI AUSSI, ADOPTÉ LA MYTHOLOGIE DU BON SAUVAGE.

Le chanteur Sting et le chef indien Raoni lors d'une conférence de presse à Paris, le 13 avril 1989, pour la défense de la forêt amazonienne.

Grâce à Lévi-Strauss, la jeunesse des années 60 se passionne pour l'ethnologie et les tribus primitives.

Bonheur du sauvage, malheur du civilisé

Montaigne relativise la barbarie des primitifs…
Rousseau s'interroge sur l'état de nature, tandis
que Voltaire s'en amuse… Diderot dénonce
les ravages du colonialisme. Chateaubriand,
le premier, s'embarque pour le Nouveau Monde.

Dans son journal du 12 novembre 1492, Colomb rend compte de son contact avec les habitants de l'île qu'il vient de baptiser San Salvador : « Ces gens ne sont d'aucune secte, ni idolâtres. Très doux et ignorants de ce qu'est le mal, ils ne savent se tuer les uns les autres. Ils sont sans armes et si craintifs que l'un des nôtres suffit à en faire fuir cent. » Le Paradis terrestre de la Bible, l'âge d'or des Anciens, est là sous ses yeux. Il est émerveillé et abasourdi. Ce qui ne l'empêche pas de capturer quelques indigènes et de bientôt mettre en place l'esclavage. Mais cette révélation va donner naissance à un nouveau mythe puissant, celui du bon sauvage.

SAUVAGE DU CANADA, GRAVURE DE SYLVAIN SAUVAGE, 1787.

LE PARADIS RETROUVÉ ?

Il hante les esprits de la Renaissance, obsède les hommes des Lumières et resurgit aujourd'hui : qu'on pense à Vendredi l'Araucan de Michel Tournier, ou aux sympathiques Commanches de *Danse avec les loups* de Kevin Kostner. Pourquoi tant d'Européens ont-ils si ardemment idéalisé les peuples sans agriculture et sans écriture, par ailleurs, ils les soumettaient, aliénaient, convertissaient et souvent anéantissaient ? Quête du paradis perdu ? Nostalgie d'une humanité qui n'aurait pas rompu avec la nature ? Mauvaise conscience du massacre des Indiens ? Une chose est sûre, lorsqu'un Blanc parle du bon sauvage,

L'AFRIQUE TELLE QU'ON LA RÊVAIT À LA FIN DU XVIIIᵉ SIÈCLE.

c'est d'abord du malheur des sociétés « policées » qu'il parle, c'est-à-dire de lui-même.

Si l'on s'en tient à la littérature française, tout commence dans le siècle qui suit la découverte de l'Amérique, avec les *Essais* de Montaigne. En 1562, conseiller au parlement de Bordeaux, Montaigne accompagne la cour du roi Charles IX à Rouen et y rencontre trois Indiens du Brésil. Il tente de s'entretenir avec eux, mais le dialogue tourne court : l'interprète n'était pas fameux.

L'auteur des *Essais* a heureusement d'autres sources : il connaît les témoignages de Christophe Colomb et d'Amerigo Vespucci, et, directement ou indirectement, ceux de Las Casas. La *Très Brève Relation de la destruction des Indes* écrite par le prêtre espagnol en 1542 évaluait déjà à près de 15 millions les Indiens victimes de la colonisation. Les *Essais* reviennent à plusieurs reprises sur les habitants de ces contrées qu'on appelle encore les Indes occidentales. D'abord, au nom du relativisme culturel, pour faire voler en éclats l'idée que l'on se fait ici de la civilisation et de la barbarie : « Je trouve qu'il n'y a rien de barbare et de sauvage en cette nation, à ce qu'on m'en a rapporté, sinon que chacun

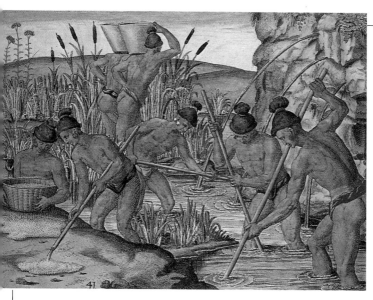

RÉCOLTE DANS
UNE RIZIÈRE
AVEC DES
BAMBOUS.
GRAVURE
DE THÉODORE
DE BRY, 1585.

appelle barbarie ce qui n'est pas de son usage » (*Des cannibales*, I, 31). Ensuite, pour dénoncer les crimes inspirés par l'appétit de richesses du Nouveau Monde : « Tant de villes rasées, tant de nations exterminées, tant de millions de peuples passés au fil de l'épée, et la plus riche et belle partie du monde bouleversée pour la négociation des perles et du poivre ! » (*Des coches*, III, 6).

Les hautes civilisations, aztèques au Mexique et incas au Pérou, suscitent son admiration enthousiaste, mais les innocents pêcheurs des Caraïbes provoquent un choc encore plus profond. Montaigne, reprenant les récits des voyageurs espagnols, s'enthousiasme pour ces nations encore « commandées par les lois naturelles ». Elles réalisent « la conception et le désir même de la philosophie ». Quel dommage, soupire Montaigne, que Platon n'en ait pas eu connaissance ! « C'est une nation, dirais-je à Platon, en laquelle il n'y a aucune espèce de trafic, nulle connaissance de lettres, nulle science de nombres ; nul nom de magistrat ni de supériorité politique ; nul usage de service, de richesse ou de pauvreté, nuls contrats ; nulles successions ; nuls partages ; nulles occupations qu'oisives ; nul respect de parenté que commun ; nuls vêtements ; nulle agriculture ; nul métal ; nul usage de vin ou de blé. Les paroles mêmes qui signifient le mensonge, la trahison, la dissimulation, l'avarice, l'envie, la détraction, le pardon, inouïes. » Suit un tableau enchanteur de la végétation qui rend cette heureuse oisiveté possible.

Cette longue série de négations ne nous apprend pas grand-chose de positif sur les sauvages, mais elle en dit long sur les maux dont souffrent les Européens : abus du pouvoir, lourdeurs de la justice, inégalités sociales, fardeau du travail, hypocrisie et cupidité.

SAUVAGE, OUI
BARBARE, NON

Pour Montaigne, pas de doute, la vie sauvage vaut mieux que la vie civilisée parce qu'elle est plus proche de la nature. « Notre grande mère nature » n'est-elle pas infiniment plus ingénieuse que tous les artifices humains ? Sauvagerie et barbarie ne sont pas synonymes. La sauvagerie peut être marquée

d'un signe positif parce qu'elle se rattache étymologiquement à la nature : en latin, le sauvage, *silvaticus*, est l'« homme de la forêt ». La barbarie n'est que le nom dont nous affublons les coutumes qui nous sont étrangères.

Quant à cette anthropophagie qui fait tant horreur, ne mérite-t-elle pas un peu de compréhension ? Les guerriers indiens, réunis en assemblée, assomment leur prisonnier puis partagent entre eux sa chair préalablement rôtie. Les Portugais, eux, l'enterrent vivant jusqu'à la ceinture, le lacèrent de flèches puis le pendent. « Je pense qu'il y a plus de barbarie à manger un homme vivant qu'à le manger mort », commente Montaigne, qui rappelle en passant les supplices que ses concitoyens se sont infligés « sous prétexte de piété et de religion ». Les massacres de la Saint-Barthélemy (1572) ne sont pas loin. Les sauvages, tout bien pesé, ne seraient-ils pas plus civilisés que nous ? « Mais quoi, conclut Montaigne avec un bon clin d'œil, ils ne portent point de hauts-de-chausses *! »

Au XVIIᵉ siècle, les sauvages intéressent moins. Montaigne

SAUVAGE IROQUOIS, 1796.

* Lévi-Strauss, dans son dernier livre *Histoire de lynx*, consacre un chapitre passionnant intitulé « En relisant Montaigne » à l'analyse de ces textes. Il accorde une place particulière à l'*Apologie de Raimond de Sebonde*, II. 12.

tombe presque dans l'oubli pendant le long règne de Louis XIV. Le goût du naturel et de la simplicité se réfugie dans un genre hérité de Virgile, la pastorale. Les douces lois de la nature sont chantées au pied du chêne par le flûtiau du berger tandis que la bergère, souvent parée de cotillons antiques, garde ses blancs moutons. L'utopie cède la place à la bucolique. *L'Astrée* (1607-1627), dont Jean-Jacques Rousseau sera grand lecteur, est le chef-d'œuvre français de cette littérature.

« DANS LES ILLES DE L'AMÉRIQUE », SALADIER DE 1785.

Tout au long du siècle pourtant, les découvertes et les conquêtes prennent un essor immense. Les expéditions commerciales se multiplient. La connaissance de l'Afrique progresse. Portugais et Italiens explorent le

HABITANT D'AMÉRIQUE, 1577.

puissant royaume du Congo. Les Français consolident leurs positions sur le continent américain (Canada et Louisiane). Colbert crée sur le modèle anglais et hollandais de grandes compagnies de commerce : en 1664, la Compagnie française des Indes occidentales. La traite des Noirs s'instaure sur une grande échelle. Le Code noir, ordonnance publiée en 1685 dans les colonies françaises pour limiter les abus, définit néanmoins l'esclave comme un « meuble » qu'on peut acheter et vendre sans conditions. Marins, marchands, soldats, administrateurs coloniaux et missionnaires sillonnent le monde et rapportent une abondante littérature de voyage.

> ❝ *Nous sommes innocents, nous sommes heureux ; et tu ne peux que nuire à notre bonheur. Nous suivons le pur instinct de la nature ; et tu as tenté d'effacer de nos âmes son caractère. Ici tout est à tous ; et tu nous as prêché je ne sais quelle distinction du tien et du mien.* ❞
> (*Diderot*, Supplément au voyage de Bougainville)

LES ABORIGÈNES AUSTRALIENS DÉFENDENT LEUR SANCTUAIRE DANS LE PAYS OÙ RÊVENT LES FOURMIS VERTES, DE WERNER HERZOG, 1984.

Parmi ces voyageurs du temps de Louis XIV, le baron de La Hontan restera dans les annales des Lumières. Né en 1666, ce gentilhomme campagnard désargenté part à l'âge de 17 ans tenter sa chance en Amérique. Devenu lieutenant du roi au Canada et à Terre-Neuve, il observe de près les Indiens et, pendant un temps, partage la vie des Hurons. À son retour, il publie, outre le récit de son voyage, un ouvrage appelé à une immense fortune, *Dialogues curieux entre l'auteur et un sauvage de bon sens* (1703-1705). La Hontan met en scène un dialogue imaginaire entre un Huron nommé Adario, qui est allé en France, et lui-même. L'idée lui vient sans doute du chapitre « Des cannibales » où Montaigne rapportait l'étonnement des sauvages devant certaines de nos mœurs. De cette conversation avec Adario qui roule, on s'en doute, sur la comparaison de nos systèmes, la civilisation européenne, mollement défendue par La Hontan, sort K.-O.

TAHITIENNE, 1842. DESSIN DE MAX RADIGUET.

TOURISTE SAUVAGE

Aux choquantes inégalités de notre pays, Adario oppose une nation qui « a banni pour jamais de chez elle toute différence en matière de richesses et d'honneur, toute subordination en fait d'autorité... [où] chacun consacre son adresse et son industrie au bonheur commun ». Une seule solution : la révolution. Adario ne propose rien moins qu'une mutinerie généralisée contre le monarque : « Il ne tiendrait donc qu'à ces troupes de faire rentrer la nation dans ses droits, d'anéantir la propriété des particuliers... »

Ce programme égalitariste sera repris tout au long du siècle. Quant au procédé littéraire qui consiste à faire endosser par un sauvage (ou un étranger) la critique de nos mœurs, il est appelé à un brillant avenir. Montesquieu imagine des touristes persans à Paris (*Lettres persanes*, 1721), Voltaire fait débarquer un Huron en Bretagne (*L'Ingénu*, 1767).

À côté de cette tradition qui fait du sauvage le fer de lance de la critique de notre société, un autre courant apparaît : on commence à s'intéresser aux sauvages pour eux-mêmes. Grâce aux récits des missionnaires – ils restent assez longtemps en poste pour apprendre les langues indigènes –, un premier savoir ethnographique se constitue. C'est dans les *Lettres édifiantes et curieuses* des jésuites que les philosophes, quoi qu'ils en disent, puiseront une bonne part de leur information. L'ouvrage le plus remarquable est celui du père Lafitau, *Mœurs des sauvages américains comparées aux mœurs des premiers temps* (1724).

Un malentendu tenace fait de Jean-Jacques Rousseau, théoricien de l'état de nature, le plus grand chantre du bon sauvage au siècle des Lumières. Rousseau aura beau s'en défendre, ses adversaires (Voltaire en particulier) et ses partisans (les cohortes romantiques de la fin du siècle, plus rousseauistes que Rousseau) s'entendront pour accréditer cette caricature. En 1750, le citoyen de Genève devient tout

AVEC LES SIOUX : DANSE AVEC LES LOUPS, KEVIN KOSTNER, 1990.

d'un coup célèbre par son *Discours sur les sciences et les arts*. Répondant à une question de l'académie de Dijon, il a soutenu avec éclat que « les mœurs ont dégénéré chez tous les peuples du monde à mesure que le goût de l'étude et des lettres s'est étendu parmi eux ». En clair, dans cette société du XVIIIe siècle qui se croit tellement civilisée, l'homme est bien moins heureux que lorsqu'il demeurait solitaire au tréfonds des forêts !

L'ÂGE IDYLLIQUE

Le *Discours sur les sciences et les arts*, bien que totalement en porte-à-faux avec l'optimisme des Lumières, est récompensé par l'Académie. Du jour au lendemain, le lauréat est propulsé au premier plan de la scène intellectuelle. La controverse fait rage. On reconnaît au pamphlétaire un style vigoureux et un art consommé du paradoxe, mais beaucoup doutent de son sérieux.

Cinq ans plus tard, Rousseau se saisit d'une nouvelle question posée par l'académie de Dijon : « Quelle est la source de l'inégalité parmi les hommes et si elle est autorisée par la loi naturelle ? » Ce second discours ne sera pas primé, mais Rousseau n'a plus besoin de ces lauriers provinciaux. La question, abondamment traitée par la tradition philosophique (Locke, Hobbes, Grotius), est sa question. Pour Rousseau, elle se formule en ces termes : comment l'état de servitude actuel de l'humanité s'explique-t-il ? L'égalité origi-

UN PETIT BLANC ÉLEVÉ PAR LES CHEYENNES : LITTLE BIG MAN D'ARTHUR PENN, RÉALISÉ EN 1969.

 Les femmes couchent à part des maris. Ils se lèvent avec le soleil, et mangent soudain après s'être levés… 🟓

nelle des hommes est un point dont tous conviennent, y compris les chrétiens. C'est l'origine de l'inégalité qui fait problème. Pour les chrétiens, l'inégalité résulte du péché originel. Rousseau n'incrimine ni Dieu ni la nature humaine, mais la société. Il construit donc, par hypothèse, une histoire de l'humanité avant l'inégalité, c'est-à-dire essentiellement avant la propriété. L'histoire se découpe schématiquement en trois étapes. Dans l'état de nature, l'homme n'est encore qu'un animal sauvage et solitaire, une brute stupide dépour-

vue de langage, en deçà du bien et du mal. L'état sauvage (ou second état de nature) est l'âge idyllique, où les hommes, chasseurs ou bergers, assurent seuls leur propre subsistance. C'est à cette époque radieuse et fugitive que sont consacrés les plus longs développements du *Discours sur l'origine de l'inégalité*.

Enfin l'état social, inégalitaire et oppressif, apparaît avec l'agriculture qui requiert nécessairement propriété privée, police, État, argent, etc. L'aventure humaine est donc tragique : la socialisation fait le malheur de l'homme et en même temps sa grandeur puisqu'il devient conscient. Rousseau ne propose pas de revenir en arrière pour « marcher à quatre pattes », comme l'en accuse Voltaire, car il sait l'histoire irréversible. Il n'y songe même pas pour lui-même : « Je sens trop en mon particulier combien peu je puis me passer de vivre avec des hommes aussi corrompus que moi. » L'issue que Rousseau propose est la « dénaturation » complète de l'homme au sein d'une société rénovée : *Du Contrat social* (1762) en définira les principes.

Celui qui deviendra le père spirituel de la Révolution française – Robespierre, Saint-Just seront les plus fervents admirateurs du *Contrat social* – est pour l'heure mal compris. Si Rousseau, comme Montaigne et d'autres, refuse de « barbariser » les sauvages, il ne les idéalise pas non plus.

Vivant eux aussi en société, les sauvages se sont éloignés de la pure nature. Du reste, Rousseau est très conscient de la faiblesse de nos connaissances sur ces peuples. « Toute la terre est couverte de nations dont nous ne connaissons que les noms, et nous nous mêlons de juger le genre humain ! » Préoccupés de négoce ou de conversions, ceux qui voyagent sont en général de piètres observateurs. Pourquoi un mécène ne financerait-il pas le voyage d'« un Montesquieu, un Buffon, un Diderot, un Duclos, un d'Alembert, un Condillac, ou des hommes de cette trempe ! » (note du *Discours sur l'origine de l'inégalité*). Rousseau dessine le programme de ce qui deviendra

DANS LA TRIBU AMAZONIENNE DES INVISIBLES : LA FORÊT D'ÉMERAUDE, DE JOHN BOORMAN, 1985.

PACIFIQUE : PÊCHE AUX MOULES ET AUX COQUILLAGES.

l'ethnographie. Lévi-Strauss reprend d'ailleurs cette page dans un texte fameux : « J.-J. Rousseau, fondateur des sciences de l'homme. »

Pendant près de 40 ans, tout le débat intellectuel va se focaliser autour de l'état de nature. Voltaire y intervient avec ses armes préférées : la dérision et le bon sens. Plus préoccupé de progrès (des sciences, des techniques, du commerce) que de pureté originelle, il caricature délibérément les thèses de Rousseau. Cela donne par exemple dans *Candide* le délicieux chapitre des Oreillons. Candide et Cacambo, déguisés en jésuites, fuient à travers l'Amazonie. Ils y croisent des sauvageonnes poursuivies par des singes. Croyant bien faire, Candide tue les quadrumanes

COSTUMES D'INDIENS D'AMÉRIQUE, 1581.

qui se révèlent être les amants de ces demoiselles. Pour punition, les Oreillons s'apprêtent à les passer à la marmite aux cris de : « Mort aux jésuites ! » Heureusement pour la suite de l'histoire, l'astucieux valet Cacambo parvient à dissiper le quiproquo. Le message philosophique se résume ici à un grand éclat de rire.

Plus sérieusement, Voltaire a consacré à la colonisation brutale du Pérou une tragédie (*Alzire ou les Américains*, 1736). Son disciple Marmontel reviendra sur le sujet, occasion de beaux morceaux de bravoure sur la tolérance, dans *Les Incas ou la Destruction de l'empire du Pérou* (1777).

Rousseau aura beau dire et répéter que l'état de nature n'est qu'une hypothèse, qu'il n'a

Interview

LE SAUVAGE ? UNE ALLÉGORIE…

Depuis dix ans, Tzvetan Todorov, chercheur au C.N.R.S., poursuit une réflexion sur l'histoire de la pensée raciste et xénophobe : *La Conquête de l'Amérique* (Points/Seuil), *Nous et les Autres* (Seuil), *Les Morales de l'histoire* (Grasset). D'origine bulgare, il vit en France depuis 1963.

Dans Nous et les Autres, *vous proposez une relecture de tous les classiques français sur le « bon sauvage ». Pourquoi êtes-vous si sévère avec cette littérature ?*

T. Todorov. Montaigne, La Hontan ou Diderot se servent des sauvages pour critiquer notre société mais, en dépit de leurs propos généreux, ils ne les respectent pas. Ils puisent très librement dans la matière complexe des récits de voyage qui sont alors disponibles (l'excellent témoignage de Jean de Léry sur les indigènes du Brésil au XVIᵉ siècle, par exemple). Car le sauvage pour eux n'est qu'une image, une allégorie. Erigé au rang de modèle non parce qu'il incarne des valeurs universelles, mais uniquement parce qu'il est autre, primitif. Qu'il

soit méprisé dans le discours raciste ou valorisé dans le discours exotique, tiers-mondiste ou écologiste, le sauvage reste aussi méconnu.

Montaigne se contente sans doute d'une image stylisée des sauvages mais l'essentiel n'est-il pas qu'il dénonce le colonialisme ?

T.T. En fait, il oscille entre deux attitudes. Tantôt, il adopte une position relativiste en soutenant que toutes les coutumes sont également respectables. Tantôt, il est universaliste, c'est-à-dire qu'il fait de la civilisation grecque la mesure de toutes les autres. C'est une forme particulière d'ethnocentrisme. Montaigne ne condamne pas la colonisation dans son principe, il

Interview

regrette qu'elle n'ait pas été faite par les Grecs, qui auraient pu apporter aux sauvages américains la civilisation. À ses yeux, les Espagnols, les Portugais ou les Français ne sont que des barbares.

Comment expliquez-vous la popularité des « sauvages » depuis les années 60 ?

T. T. À l'époque où je suis arrivé en France, les Français dévoraient la littérature ethnologique, Lévi-Strauss surtout. Sans doute était-ce l'après-coup de la décolonisation. Pour expier l'attitude peu glorieuse des puissances coloniales, il était nécessaire de s'enivrer de cette littérature qui exaltait la sagesse barbare.

Les connaissances ethnographiques sont abondantes aujourd'hui. Peut-on encore mythifier les « sauvages » ?

T. T. Dans les années 60, l'élite de la jeunesse française rêvait d'une contrée idéale qui se nommait la Chine, l'Albanie ou Cuba. On peut lire des récits de Français qui ont visité la Bulgarie en 1960 et y ont trouvé un paradis. À cette époque, on arrêtait les jeunes qui portaient des pantalons trop étroits ou des jupes trop courtes, le pays était couvert de camps. Certains y passaient un an, d'autres y laissaient la vie. Mais, pour ces touristes communistes, nous étions, nous les Bulgares, de « bons sauvages ».

LES PEUPLES D'AMÉRIQUE *PAR SAINT-SAUVEUR, XVIIIe SIÈCLE.*

peut-être jamais existé, un innombrable courant primitiviste se réclame de lui. La fin du XVIIIe siècle sera l'âge d'or du mythe du bon sauvage : graveurs et peintres s'emparent

avec délectation de l'éden exotique. Mais à mesure qu'on tente de connaître les sociétés sauvages, on se rend compte qu'au contact des Blancs elles sont toutes en train de dégéné-

rer, voire de disparaître. L'alcoolisme et la syphilis se répandent chez les Indiens, les Noirs sont esclaves. Où chercher de véritables sauvages encore vierges de tout contact avec la civilisation ? La plupart des savants de l'époque espèrent trouver dans l'hémisphère Sud un continent aussi vaste que l'Asie. Après l'exploration du Pacifique par Cook et La Pérouse (1768-1788), ils sont obligés de renoncer à cette chimère, mais ils se consolent avec un nouveau mythe : Tahiti.

L'ORDRE QUI DÉTRUIT

Par le *Voyage autour du monde* de Bougainville (1771), on découvre les étonnantes mœurs de Tahiti. Ces unions qui se nouent et se dénouent apparemment en toute liberté émoustillent les commentateurs pari-

siens. Diderot, pas pudibond mais pas libertin non plus, juge que la philosophie a là-dessus son mot à dire. À 60 ans, il a enfin le loisir de travailler à sa guise. Tandis qu'il collabore à l'*Histoire philosophique et politique des établissements et du commerce des Européens dans les deux Indes* de l'abbé Raynal, il commence, en marge de son exemplaire du *Voyage*, à écrire ce qui deviendra le *Supplément au voyage de Bougainville*. Sa thèse est farouchement anticolonialiste : l'Européen, qui impose son ordre par les armes du soldat et les chapelets du prêtre, introduit le remords et l'effroi. Ce faisant, il détruit une société qui repose sur une morale plus sensée que la nôtre. Là où l'aumônier ne voit que licence et vice, Orou, le vertueux Tahitien, lui montre des lois qui ne contredisent pas la nature. Elles s'inspirent d'un

LES INCAS PAR LA MANUFACTURE DUFOUR, 1818. (PAPIERS PEINTS PANORAMIQUES FLAMMARION).

❝ *Ils vivent sans roi ni gouverneur, et chacu est à lui-même son propre maître. Ils ont autant d'épouse. qu'il leur plaît… Ils n'or ni temple ni religion… I vivent selon la nature.*❞
(*Amerigo Vespucci,* Mundu novus*)*

EN AMAZONIE
AVEC FITZCARRALDO,
DE WERNER HERZOG,
1982.

grand principe : la paternité. Tout ce qui tend à la procréation d'enfants sains et vigoureux est légitime. Ce qui ne sert qu'au plaisir est condamné. Dans tous les cas, le bien général l'emporte sur le bien particulier. Diderot n'est certes pas un adepte de l'état de nature. Il ne voit pas en Tahiti un paradis, mais le laboratoire d'une morale laïque. Publié en 1798, quatorze ans après la mort de Diderot, ce texte passionnant ne rencontrera guère d'échos avant le XXᵉ siècle.

Avec la fin du siècle et la naissance du romantisme, la figure du bon sauvage se mêle à la mode des paysages vierges et exotiques. Bernardin de Saint-Pierre remporte un triomphe avec *Paul et Virginie.* Parmi les grands classiques, Chateaubriand sera le dernier à peindre le monde sauvage avec émerveillement. Parti pour l'Amérique dans le dessein d'écrire « l'épopée de l'homme de la nature », le jeune ci-devant change vite de projet. Il se convertit au catholicisme et récrit *Atala* en fable édifiante. *Les Natchez* (dont *Atala* n'est qu'un épisode publié séparément en 1801) abondent en détails pittoresques : « Atala me broda des mocassins en peau de rat musqué, avec du poil de porc-épic. » Chateaubriand s'amuse même à écrire des dialogues en style indien. « Mon père l'Aigle, vous avez l'esprit d'un renard et la prudente lenteur d'une tortue. » La peinture des paysages du Nouveau Monde, chutes du Niagara,

rivages du Mississippi (reprise dans les *Mémoires d'outre-tombe*) atteint des sommets de lyrisme romantique. « Les vignes sauvages, les bignonias, les coloquintes, s'entrelacent au pied des arbres, escaladent leurs rameaux, grimpent à l'extrémité des branches, s'élancent de l'érable au tulipier, du tulipier à l'alcée, en formant mille grottes, mille voûtes, mille portiques. »

Mais Chateaubriand a rompu avec le rousseauisme (de pacotille) qui a enchanté sa jeu-

LES JÉSUITES EN AMÉRIQUE DU SUD : MISSION DE ROLAND JOFFÉ, 1986.

66 *Si j'étais chef de quelqu'un des peuples de la Nigritie, je déclare que je ferais élever sur la frontière du pays une potence où je ferais pendre sans rémission le premier Européen qui oserait y pénétrer.* 99
(Rousseau,
Discours sur les sciences et les arts)

nesse : « Je ne suis point comme M. Rousseau un enthousiaste des sauvages... Je ne crois point que la pure nature soit la plus belle chose du monde. Je l'ai toujours trouvée fort laide, partout où j'ai eu l'occasion de la voir » (préface d'*Atala*). Dans *Atala*, le vrai sage n'est pas Chactas, le vieux Natchez aveugle, mais le père Aubry, missionnaire sublime qui civilise les Indiens en les initiant à l'agriculture et à la « magnificence du culte chrétien ».

Le XIX⁰ siècle sonne le glas du bon sauvage. Parce que désormais l'on pense en termes de progrès. L'avenir radieux est devant, pas derrière. La bonne conscience civilisatrice du siècle de Jules Ferry ne connaît guère d'ombre. Il faudra que le doute lézarde nos certitudes – après Hiroshima et Auschwitz – pour qu'à nouveau les regards du grand public (les ethnologues et les peintres cubistes l'ont, bien sûr, devancé) se tournent vers les sauvages. Le grand moment de ce retour sera en France les « années 68 ». En 1967, paraît le premier roman de Michel Tournier, *Vendredi ou les Limbes du Pacifique*, aussitôt couronné par l'Académie française. Toutes les utopies classiques : abolition de la propriété, du travail, réconciliation avec la nature, libération sexuelle, reprennent un coup de jeune. Robinson est fatigué, son sauveur métis d'Indien et de Noir s'appelle Vendredi.

Anne Brunswic.

LES PEUPLES D'AMÉRIQUE *PAR SAINT-SAUVEUR,* *XVIII⁰ SIÈCLE.*

Interview

CONTRE CINQ IDÉES REÇUES

Yves Lacoste, géographe, professeur à Paris VIII, est un penseur engagé de l'anticolonialisme. Parmi ses derniers livres : *Contre les anti-tiers-mondiste et certains tiers-mondistes* (La Découverte). Il dirige la revue de géographie et de géopolitique *Hérodote*.

1. Non, les Espagnols et les Portugais n'ont pas planifié l'extermination des Indiens.

Leur intérêt n'était pas de tuer les indigènes car ils avaient grand besoin de main-d'œuvre. Ils ont perpétré des tueries volontairement spectaculaires afin de terroriser les Indiens et de les soumettre à leur autorité. Mais la mortalité énorme – on estime à 80 % la baisse de la population indigène à la fin du XVIe siècle – est due à ce qu'on appelle le « choc viral ». Les Indiens sont morts par millions de grippes, de rhumes, maladies mortelles pour des populations non immunisées.

2. Non, les conquistadores n'ont pas été plus cruels que les Yankees.

Pendant la conquête de l'Ouest, les Américains, pour s'emparer des terres, liquident systématiquement les tribus indiennes. En abattant les troupeaux de bisons dont se nourrissent les Indiens, ce que fit notamment le fameux Buffalo Bill. En laissant se diffuser, parfois même en inoculant des maladies infectieuses comme la variole. En offrant de l'« eau de feu », des fusils et en attisant les guerres tribales.

3. Non, l'esclave noir n'était pas une main-d'œuvre bon marché.

Il fallait le faire venir d'Afrique et les pertes étaient très nom-

Interview

breuses. Acheter un esclave pour un planteur cubain du siècle dernier coûtait environ le prix d'un camion aujourd'hui. C'est à cause du prix de la main-d'œuvre que les premières machines à vapeur vont être mises en service dans ces plantations pour écraser la canne à sucre.

4. Non, les Européens n'ont pas instauré l'esclavage en Afrique.

Les marchands d'esclaves arabes ont commencé à sillonner l'Afrique dès le Xe siècle. Les Européens ne capturaient pas les esclaves, ils les achetaient aux États négriers ou à des bandes de trafiquants africains. Pendant des siècles, les Africains se sont fait la guerre pour fournir des esclaves. Après l'abolition de l'esclavage en Amérique au XIXe siècle, le trafic continue entre Africains. Il concerne surtout des femmes, vendues à vil prix. Les colonisateurs européens font cesser la traite à la fin du XIXe siècle.

5. Le mythe du bon sauvage s'inspire de l'exemple de populations très peu nombreuses.

Le « bon sauvage » est caraïbe ou tahitien, éventuellement huron ou iroquois. Le mythe ne concerne pas les grands empires précolombiens, aztèque et inca. Surtout il ne concerne pas le continent africain. Les Européens connaissent suffisamment l'Afrique pour savoir qu'il y existe des religions et des pouvoirs très oppressifs. Il s'agit essentiellement pour les philosophes européens de critiquer le rôle de l'Église et de l'État en montrant des hommes heureux sans clergé ni souverain.

À DROITE,
CANDIDE, *COPIE DE
WAGNIÈRE AVEC DES
CORRECTIONS AUTOGRAPHES
DE VOLTAIRE.*

Candide,
ou
L'optisnime

Chapitre Iᵉ

Comment Candide fut élevé dans un beau château, et comment il fut chassé d'icelui

(3160)

*Il y avait en Westphalie, dans le château de Mons.
le Baron de Thunder-ten-tronckh, un jeune garçon à qui la
nature avait donné les mœurs les plus douces. Sa physionomie
annonçait son âme. il avait le jugement assez droit, avec
l'esprit le plus simple. c'est, je crois, pour cette raison
qu'on le nommait Candide. les anciens domestiques de la
maison soupçonnaient qu'il était fils de la sœur de Monsr. le
baron, et d'un bon et honnête gentilhomme du voisinage,
que cette damoiselle ne voulut jamais épouser, parce qu'il
n'avait pu prouver que soixante et onze quartiers, et
que le reste de son arbre généalogique avait été perdu par*

Anthropologie

Science de l'homme et mythe du « bon sauvage »

Le mythe du « bon sauvage » s'est constitué entre le XVIᵉ et le XVIIIᵉ siècle où il apparaît indissociable d'une anthropologie, c'est-à-dire d'un discours sur l'homme, sa nature et ses facultés.

L'anthropologie, cette « science générale de l'homme », s'inscrit elle-même dans le projet humaniste qui, depuis la Renaissance, place au centre de la création et de l'activité de la connaissance, l'homme, être doué de raison et de pouvoirs immenses sur le monde. Mais qu'est-ce que l'homme pris en tant qu'espèce ? Qu'est-ce qui le distingue de l'animal ? Quelle est l'origine de son langage, de ses croyances, de ses mœurs et de ses lois ? Pour répondre à ces questions, l'anthropologie va rassembler des matériaux, échafauder des hypothèses et, comme toute science en voie de constitution, mêler les réflexions les plus rationnelles aux visions les plus chimériques.

Le « bon sauvage » n'est pas un être réel, mais une fiction, une idée parfois abstraite, une image composite formée des visages que l'époque de Voltaire et de Rousseau prête à l'âge d'or, quand les hommes vivaient en harmonie avec la nature. Certains voyageurs ont associé, dans leurs récits, cette image du paradis sur terre (ou sur mer) aux territoires et aux peuples qu'ils avaient découverts, même si cette représentation idéalisée était parfois loin de correspondre à la réalité.

Voyageurs, missionnaires et savants à la découverte de la « vie sauvage »

Les relations de voyage constituent des documents d'une inestimable valeur pour qui veut étudier la genèse des sociétés humaines, leurs usages, leurs rites. En trois siècles, de la découverte de l'Amérique par Christophe Colomb et Amerigo Vespucci

Portrait de Montaigne, sur le frontispice des Essais.

Scène de massacre, extraite de l'atlas de voyage de La Pérouse, 1797.

aux grandes explorations menées dans le Pacifique par Cook, Bougainville et La Pérouse (voir « Les Grandes Découvertes », p. 28), missionnaires, marchands, marins et savants ont multiplié les observations ethnographiques (descriptions des populations indigènes).

Les raisons du mythe

Comment l'observation scientifique a-t-elle produit l'image mythique du « bon sauvage » ? L'idéalisation des « sauvages » (qu'on appelle aussi primitivisme) vient d'abord des conditions de leur découverte. Christophe Colomb lui-même, par intérêt ou dans une sorte de vision mystique d'un Nouveau Monde dans lequel il recherchait le paradis, a eu tendance à donner du continent américain une image édénique. Amerigo Vespucci, dans sa lettre *Mundus novus* (1503), accrédite la même image en décrivant la vie naturelle et libre de toute sujétion qui caractérise, selon lui, les Indiens : « Ils n'ont de vêtements, ni de laine, ni de lin, ni de coton, car ils n'en ont aucun besoin ; et il n'y a chez eux aucun patrimoine, tous les biens sont communs à tous. Ils vivent sans roi ni gouverneur, et chacun est à lui-même son propre maître. Ils ont autant d'épouses qu'il leur plaît [...]. Ils n'ont ni temples, ni religion, et ne sont pas des idolâtres. Que puis-je dire de plus ? Ils vivent selon la nature. »

En second lieu, écrivains ou philosophes, sans être témoins directs de la découverte, ont puisé dans les descriptions des voyageurs, sans en vérifier l'exactitude, pour « fabriquer » un personnage. Ils accentuent certains traits, en éliminent d'autres, afin de proposer comme Thomas More une *Utopie* (1515), récit se rapportant à une île imaginaire, ou comme Montaigne, dans les *Essais*, une réflexion critique sur les relations entre les habitants du monde civilisé et ceux du Nouveau Monde.

La création du « bon sauvage » répond donc à d'autres exigences que celles de l'ethnologie au sens strict : l'image idéalisée de l'homme naturel permet d'exprimer la nostalgie d'un âge d'or révolu, de critiquer la société européenne et de rêver de liberté ou d'égalité, sur le modèle plus ou moins imaginaire des sociétés sauvages.

*Portrait de Thomas More, auteur d'*Utopie, *1515.*

Tristes Tropiques *ou que reste-t-il des « bons sauvages » ?*

Qu'en est-il aujourd'hui de ce « bon sauvage », après deux siècles d'exploration systématique, de colonisation et de massacres sporadiques ?

En 1938, l'anthropologue Claude Lévi-Strauss rêvait « d'être le premier Blanc à pénétrer dans une communauté indigène » d'Amazonie. Mais dans le récit de ses enquêtes ethnographiques, intitulé de façon significative *Tristes Tropiques* (1955), il écrit : « Cet enthousiasme est-il encore de mise au XXe siècle ? [...] les sociétés que nous pouvons étudier aujourd'hui – dans des conditions qu'il serait illusoire de comparer à celles prévalant il y a quatre siècles – ne sont plus que des corps débiles et des formes mutilées. Malgré d'énormes distances et toutes sortes d'intermédiaires (d'une bizarrerie souvent déconcertante quand on parvient à en reconstituer la chaîne), elles ont été foudroyées par ce monstrueux et incompréhensible cataclysme que fut, pour une si large et si innocente fraction de l'humanité, le développement de la civilisation occidentale » (VIII, 30).

Désormais, des peuples « sauvages », reste le souvenir. Mais leur connaissance, selon Lévi-Strauss, demeure nécessaire, pour mieux comprendre notre propre société et éventuellement la transformer à la lumière de la civilisation de ces « sauvages » à la fois autres et semblables : « La fraternité humaine acquiert un sens concret en nous présentant, dans la plus pauvre tribu, notre image confirmée et une expérience dont, jointe à tant d'autres, nous pouvons assimiler les leçons » (*Tristes Tropiques*, IX, 38).

Barbares et cannibales

L'image du « sauvage » rapportée par les découvreurs de nouvelles terres ou imaginée par leurs contemporains n'est pas une figure univoque. Les adjectifs qui le qualifient, « barbare », « primitif », « naturel » ou « cannibale » (ce dernier utilisé par Montaigne dans les *Essais*), méritent quelques précisions.

Les grandes découvertes

1492. Christophe Colomb découvre l'Amérique.

1497. Vasco de Gama, doublant le cap de Bonne-Espérance, découvre la route des Indes.

1499. Amerigo Vespucci suit les traces de Colomb en Amérique du Sud.

1519. Hernán Cortés débarque au Mexique et le conquiert.

1520. Fernand de Magellan est le premier Européen à entrer dans le Pacifique par le détroit qui porte son nom.

1532. Francisco Pizarro conquiert le Pérou.

1536. Jacques Cartier remonte le Saint-Laurent.

1602. Fondation de la Compagnie hollandaise des Indes qui conteste dans le Pacifique et l'océan Indien l'hégémonie espagnole et portugaise.

1642. Abel Tasman, un Néerlandais, découvre la Tasmanie et la Nouvelle-Zélande.

1766-1769. Voyage de Bougainville dans le Pacifique et en particulier à Tahiti.

...

…

1768-1771. Dès son premier voyage, James Cook devient le plus grand explorateur du Pacifique. Il aborde sur les côtes de l'Australie.
1785-1788. Voyage de La Pérouse dans le Pacifique où il meurt lors d'un naufrage en 1788.

Le mot « sauvage » (du latin *selvaticus*, habitant de la forêt) renvoie à un espace non civilisé, où l'homme vit au contact direct de la nature et des animaux. La « sauvagerie » est une puissance redoutable que les Romains prêtaient à leurs voisins du Nord, Gaulois, Germains et Scythes, peuples des forêts, alors qu'eux-mêmes définissaient leur civilisation par l'aménagement et la domination de la nature. D'où l'opposition essentielle entre barbares et civilisés. D'un côté donc, les barbares (en grec, les étrangers, c'est-à-dire ceux qui n'appartiennent pas à la cité), les non-civilisés, ceux qui ne se séparent pas d'une nature sauvage, les « naturels » (« habitants originaires d'un pays » étranger, « indigènes »), souvent rapprochés de l'animalité – le mot « barbare » évoque les sons d'un langage primitif, indistinct du cri ; quant au terme « cannibale », mot caraïbe signifiant « hardi », il devient synonyme, par un glissement de sens significatif, d'anthropophage et de cruel. De l'autre côté, les civilisés du monde gréco-latin puis du monde chrétien, disposant d'un langage élaboré, de lois, de lettres, de sciences et de techniques, cultivant la terre et bâtissant des cités. Si les premiers sont, on le voit, frappés du signe négatif, témoignant du rejet de l'Autre hors de la culture, voire de l'humanité, les seconds ne sont que culture et humanité.

Le mot « primitif », quant à lui, renvoie à l'origine de l'humanité et comporte des connotations contradictoires : l'homme « primitif » est soit celui qui ne s'est pas encore élevé jusqu'à la civilisation, soit celui qui témoigne de l'humanité de l'âge d'or par un ensemble de qualités positives cette fois. C'est là le « bon sauvage ».

Gravure extraite des Grands Voyages *de* Théodore de Bry : « Christophe Colomb débarque en Amérique ».

Qui est barbare ? Qui est civilisé ?

L'apparition du mythe du « bon sauvage » conduit à un renversement de la valeur des termes « barbare » et « civilisé ». Chez Montaigne, les « Cannibales » (*Essais*, I, 31), par leur vigueur, leur santé, leur naïveté, sont associés à la jeunesse du monde, à la nature mère, source de beauté et de pureté premières. Les civilisés appartiennent au contraire à un monde vieillissant, artificiel et corrompu. La relation entre « nous » et « les autres » est donc inversée : Montaigne reproche aux

Européens conquérants du Nouveau Monde « la trahison, la desloyauté, la tyrannie, la cruauté qui sont nos fautes ordinaires » et célèbre les mœurs des « sauvages » (leur bravoure guerrière, leur poésie, etc.). Dès lors, il peut jouer sur les deux sens du mot « barbare » (étranger/cruel) : « Nous les pouvons donq bien appeler barbares eu esgard aux règles de la raison, mais non eu esgard à nous qui les surpassons en toute sorte de barbarie. » Cela le conduit à écrire, à propos des « Cannibales », cette phrase célèbre : « Il n'y a rien de barbare et de sauvage en cette nation, à ce qu'on m'en a rapporté sinon que chacun appelle barbarie ce qui n'est pas de son usage. »

Figure des Brésiliens, *gravure anonyme du XVIᵉ siècle.*

On retrouve ces mêmes renversements de termes dans le *Supplément au voyage de Bougainville* de Diderot (voir p. 95), *L'Ingénu* de Voltaire et chez Claude Lévi-Strauss (voir p. 28).

Bonheur-Bonté

Est-il bon ? Est-il méchant ?

Le « sauvage », qui fascine et parfois inquiète, est-il l'emblème d'une bonne nature ou le dangereux représentant d'une sous-humanité « bestiale » et cruelle ? Répondre à cette question revient à faire le partage entre deux visions, l'une, complaisante, qui insiste sur l'innocence, la convivialité, la spontanéité des sauvages, l'autre, critique, qui relève dans leurs mœurs des traits de « barbarie ».

Scène de supplice, Promenade autour du monde, *J. Arago, 1822.*

Une même coutume, l'anthropophagie, peut ainsi être perçue diversement : signe d'animalité pour les uns, elle est présentée par Montaigne comme une conséquence de l'esprit guerrier et donc du courage des « Cannibales ». Au XVIIIᵉ siècle, le débat est vif entre les lecteurs du *Voyage autour du monde* de Bougainville qui trouvent dans la description des Tahitiens l'image d'un monde où les hommes sont amicaux et les femmes accueillantes, et un autre grand navigateur, La Pérouse, qui dépeint les indigènes « comme des vautours dans les airs ou les loups et les tigres dans la forêt » (Jean François de La Pérouse, *Voyage autour du monde*).

Rousseau donne au débat une portée philosophique en affirmant, dans sa « Profession de foi du vicaire savoyard » (*Émile*, livre IV, 1762), que la conscience, « juge infaillible du bien et du mal », qui rend « l'homme semblable à Dieu », qui fait « l'excellence de sa nature et la moralité de ses actions » et qui l'élève « au-dessus des bêtes », est « un instinct divin » qui se développe avant toute connaissance, chez l'homme le plus simple, « être ignorant et borné, mais intelligent et libre ». Ainsi l'homme des sociétés primitives serait disposé à la bonté par un sentiment naturel et inné qui le porte à aimer le bien.

L'utopie d'un paradis perdu

Le siècle des Lumières, en quête de nouvelles valeurs, fait de la recherche du bonheur individuel ou collectif sa préoccupation majeure. Mais à une époque où les guerres, persécutions et catastrophes naturelles abondent, une confusion s'établit entre l'image mythique des premiers temps où l'humanité aurait joui d'un bonheur innocent et d'une vertueuse sagesse au contact d'une nature généreuse et la vision édénique des terres lointaines où de « bons sauvages » paraissent vivre, sous un ciel sans nuages, dans la plus parfaite félicité.

Canadiens, lithographie de Devéria, XIXᵉ siècle.

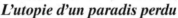

Civilisation-Nature

Nature et culture

L'opposition entre « nature » et « culture », les relations entre le monde « sauvage » et le monde « civilisé » sont au cœur de la réflexion des Lumières. Depuis le XVIᵉ siècle (et les *Essais* de Montaigne), le mythe du « bon sauvage » est utilisé pour critiquer le monde occidental au nom d'une nature que celui-ci aurait oubliée, corrompue ou détruite – « dénaturée ».

Mais, parallèlement, on assiste au développement d'une idéologie « civilisatrice » qui accompagne les politiques de colonisation et d'évangélisation du Nouveau Monde et de l'Océanie : l'Occident aurait ainsi un « devoir de civilisation » à l'égard des peuples encore sauvages. Le grand naturaliste Buffon, dans son *Histoire naturelle* (1749), établit une hiérarchie entre l'Européen qui vit sous un climat tempéré, jouit des avantages de la culture qu'il a édifiée et représente le point de perfection auquel l'espèce peut prétendre, et l'Américain ou l'Africain restés au seuil de leur propre histoire, « être[s] sans conséquence », « espèce[s] d'automate[s] impuissant[s] », ne sachant dompter ni les éléments ni les animaux.

Le civilisateur et le sauvage

La vision ethnocentriste qui fait de la civilisation occidentale un modèle indépassable et supérieur aux sociétés « naturelles » est représentée, dans la fiction, par le *Robinson Crusoé* de Daniel Defoe (1719), Robinson étant l'emblème du civilisateur d'un milieu sauvage (voir p. 90).

Alors je m'appliquai à fabriquer les meubles qui m'étaient le plus nécessaires.   Tom. Ier pag 141.

Daniel Defoe,
Robinson Crusoé,
gravure de Delveaux.

À ce personnage célèbre semble répondre le Huron Adario, Indien du Canada mis en scène par le baron de La Hontan, un des voyageurs et philosophes qui a le plus largement contribué au succès du mythe du « bon sauvage » dans ses *Dialogues curieux entre l'auteur et un sauvage de bon sens* (1703). Pour Adario (et le baron de La Hontan), c'est par sa conformité à la nature que l'on peut reconnaître la valeur d'une culture. Ainsi les Hurons ne connaissent aucune des contraintes de la civilisation occidentale : ni la propriété, « source de tous les désordres qui troublent la société des Européens » ; ni la subordination, qu'elle soit militaire ou civile, contraire « aux sentiments de la nature » ; ni le luxe, les arts ou les sciences qui ne correspondent à aucune nécessité naturelle ; ni la bienséance, lorsqu'elle est synonyme de politesse hypocrite ; ni la fidélité, entrave à l'épanouissement des désirs et donc contre-nature. Adario peut ainsi affirmer : « Nous vivons simplement sous les lois de l'instinct et de la conduite innocente que la nature sage nous a imprimées dès le berceau. »

DU
CONTRACT SOCIAL;
O U,
PRINCIPES
D U
DROIT POLITIQUE.
PAR J. J. ROUSSEAU,
CITOYEN DE GENEVE.

— *fœderis æquæ*
Dicamus leges. Æneid. XI

A AMSTERDAM,
Chez MARC MICHEL REY.
MDCCLXII.

Jean-Jacques Rousseau,
page de couverture du
Contrat Social, *1762.*

Sauvage nepisingue
au Canada, 1717.

La critique du progrès

Le mythe du « bon sauvage », indissociable de la nostalgie d'un âge d'or naturel (voir l'entrée « Bonheur-Bonté »), conteste l'idée de « progrès », produit et apanage de la civilisation européenne.

Ainsi au siècle des Lumières, alors que s'affirme un humanisme optimiste qui voit dans le développement des sciences et des techniques la manifestation positive d'une raison conquérante et la condition du bonheur, Rousseau soutient, au contraire, dans le *Discours sur les sciences et les arts* (1750), que les peuples civilisés sont corrompus, affaiblis ou devenus méchants du fait du luxe dans lequel ils vivent et que leurs apparents progrès ne sont que les masques de leur esclavage : « […] sans cesse on suit des usages, jamais son propre génie. »

L'institution de la société et de la propriété a conduit à la confiscation du pouvoir politique par les riches (*Discours sur l'origine et les fondements de l'inégalité parmi les hommes*, 1755). Rousseau propose d'instaurer un nouveau pacte entre gouvernants et gouvernés, un « contrat social » et démocratique fondé sur le consentement et non sur la violence despotique : « Tout homme étant né libre et maître de lui-même, nul ne peut, sous quelque prétexte que ce puisse être, l'assujettir sans son aveu » (*Du Contrat social*, IV, 2, 1762).

Cette critique de la civilisation est menée en référence à un état sauvage où l'homme aurait vécu libre et heureux, état intermédiaire entre l'état originel de « pure nature » (état plutôt abstrait et hypothétique, selon Rousseau lui-même) et l'état de société. Pour le philosophe, tout retour en arrière vers cet âge d'or est désormais impossible. Ce qu'il recherche, en particulier dans le *Contrat social*, ce sont les moyens de transformer l'homme et la société, moralement et politiquement, pour réconcilier sociabilité et liberté naturelle.

En 1952, dans *Race et histoire*, Lévi-Strauss, reprenant à son compte l'idéal rousseauiste, récuse les conceptions du XIXe siècle qui oppo-

sent trop schématiquement les progrès de la civilisation occidentale et l'inertie des autres cultures : « La
civilisation occidentale s'est entièrement tournée,
depuis deux ou trois siècles, vers la mise à la disposition
de l'homme de moyens mécaniques de plus en plus
puissants. Si l'on adopte ce critère, on fera de la quan-
tité d'énergie disponible par tête d'habitant l'expression du plus ou moins haut degré de développement
des sociétés humaines. [...] Si le critère retenu avait été
le degré d'aptitude à triompher des milieux géogra-
phiques les plus hostiles, il n'y a guère de doute que les
Eskimos d'une part, les Bédouins de l'autre, emporte-
raient la palme. [...] La richesse et l'audace de l'invention esthétique des Mélanésiens, leur talent pour
intégrer dans la vie sociale les produits les plus obscurs
de l'activité inconsciente de l'esprit, constituent un des
plus hauts sommets que les hommes aient atteint dans
ces directions. »

Eskimo, dessin.

Il n'y a donc pas un critère unique et absolu pour
définir le progrès.

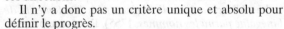

Colonisation-Esclavage

De la rencontre à la domination : l'impossible dialogue

Dans la découverte de nouvelles terres et de nouveaux
peuples, trois étapes se succèdent presque invariable-
ment. Tout d'abord la phase d'émerveillement, partagée par les découvreurs et les indigènes, qui préside à
la rencontre d'hommes et de civilisations différents.
Vient ensuite la phase de la confrontation :
le choc de deux civilisations, le rêve de
conquête des Européens, leurs ambitions
commerciales ou évangélisatrices conduisent à des affrontements. Le dialogue est
rompu. Le règne de la violence et de
l'incompréhension lui succède. La troisième
phase est celle de la colonisation proprement dite. L'exploitation remplace l'exploration. À la découverte de l'autre succède

*Cession de l'île d'Otahiti
au capitaine Wallis par la
reine Obéréa, gravure.*

son aliénation, voire sa destruction. Herman Melville, dans *Taïpi* (1846), écrit : « Ce ne fut pas avant d'avoir été moi-même à Honolulu que je sus que la civilisation apportée aux quelques naturels restants avait consisté à les transformer en chevaux de trait et leur évangélisation à en faire des bêtes de somme. » Dès lors « bon sauvage » rime avec esclavage.

L'esclavage et sa critique

Face à la colonisation et à l'esclavage, les réactions des écrivains et des philosophes semblent unanimes. Montaigne déplore, dans le chapitre « Des coches » de ses *Essais*, le massacre des Indiens d'Amérique du Sud par les conquérants espagnols, « une boucherie comme sur des bêtes sauvages ». Au XVIIIᵉ siècle, Montesquieu, dans *De l'esprit des lois* (1748), ou Rousseau,

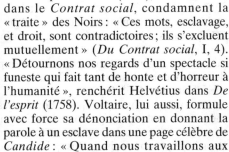

dans le *Contrat social*, condamnent la « traite » des Noirs : « Ces mots, esclavage, et droit, sont contradictoires ; ils s'excluent mutuellement » (*Du Contrat social*, I, 4). « Détournons nos regards d'un spectacle si funeste qui fait tant de honte et d'horreur à l'humanité », renchérit Helvétius dans *De l'esprit* (1758). Voltaire, lui aussi, formule avec force sa dénonciation en donnant la parole à un esclave dans une page célèbre de

Fernand Cortez brise les idoles, in Histoire de l'Amérique latine et des Antilles, *1500-1534.*

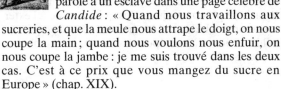

Candide : « Quand nous travaillons aux sucreries, et que la meule nous attrape le doigt, on nous coupe la main ; quand nous voulons nous enfuir, on nous coupe la jambe : je me suis trouvé dans les deux cas. C'est à ce prix que vous mangez du sucre en Europe » (chap. XIX).

Plus tard, à l'époque de l'expansion commerciale dans les mers du Sud, Victor Segalen ou Herman Melville ont également stigmatisé la férocité des Blancs civilisés et le déséquilibre mortel qu'ils ont introduit chez les peuples du Pacifique.

Cette impression d'unanimité dans la critique doit être cependant nuancée : l'idéologie « civilisatrice » qui bien souvent accompagne (et justifie) la colonisation s'est développée en fait au siècle des Lumières. En établissant une hiérarchie des civilisations, elle fournit des arguments à la théorie des races.

Du racialisme au racisme : la mort du « bon sauvage »

Les doctrines portant sur l'existence des races et sur leur inégalité (racialisme) portent le coup de grâce au mythe du « bon sauvage » en encourageant le mépris et la haine à l'égard des peuples de culture et de couleur différentes (racisme).

Ainsi Buffon dans son *Histoire naturelle*, sans nier l'unité du genre humain, distingue différentes « races » comme autant de degrés de civilisation : « On descend par degrés assez insensibles des nations les plus éclairées, les plus polies, à des peuples moins industrieux, de ceux-ci à d'autres plus grossiers, mais encore soumis à des rois, à des lois ; de ces hommes grossiers aux sauvages » (t. XI).

DISCOURS
PRONONCÉ
DANS L'ACADEMIE
FRANÇOISE,
PAR M. DE BUFFON
Le Samedi 25 Août 1753.

M. DCC. LIII.

Cette échelle est reprise au XIXe siècle par Gobineau qui postule non seulement l'« inégalité des races » mais encore « la dégradation », conséquence du « mélange des sangs » : « Les peuples ne dégénèrent que par suite et en proportion des mélanges qu'ils subissent » (*Essai sur l'inégalité des races humaines*, 1853-1855).

Buffon, page de couverture du Discours *prononcé à l'Académie française, 1753.*

On connaît la funeste exploitation par les nazis des théories de Gobineau (que toute la science moderne a contribué à démentir). On pourrait également évoquer le racisme plus ou moins diffus qui a présidé à l'extermination des Indiens d'Amérique du Nord et qui a été véhiculé, jusqu'à une époque récente, par nombre de westerns.

Corps

Beauté, santé et nudité

Dans le rêve d'une vie naturelle, le corps échappe aux maladies, au vieillissement et à la mort. Dans l'émerveillement suscité par la découverte des « sauvages », leur vigueur physique, leur beauté, leur fraîcheur, leur santé ont très souvent été soulignées. Deux explications sont généralement avancées pour comprendre cette physiologie prodigieuse : l'une historique, l'autre métaphorique. On trouve la première chez Rousseau, par exemple : « Accoutumés dès l'enfance aux intempéries de l'air et à la rigueur des saisons, exercés à la fatigue, et forcés de défendre nus et sans armes leur vie et leur proie contre les autres Bêtes féroces, ou de leur échapper à la course, les Hommes se forment un tempérament robuste et presque inaltérable » (*Discours sur l'origine et les fondements de l'inégalité parmi les hommes*) ; l'autre est avancée par Montaigne et Diderot : les hommes sauvages sont vigoureux parce qu'ils touchent à la jeunesse, à l'origine du monde. Quelle que soit l'explication, c'est la Nature, « mère nourrice », qui donne à ses enfants cette robustesse.

Selon Segalen, Gauguin fut le premier peintre à contempler les Maoris « sous leur sauvage énigme », à retrouver en eux des « formes ancestrales » et à représenter sous le soleil leur nudité première : « L'homme maori ne peut pas s'oublier quand on l'a vu, ni la femme cesser d'être aimée quand on l'aime. Paul Gauguin sut aimer là-bas, et voir plus puissamment que tout être avec deux gros yeux ronds, ces vivants ambrés et nus qu'il ne faut point, pour les peindre, comparer à aucune autre espèce humaine » (Victor Segalen, *Hommage à Gauguin*, 1975).

Sexualité et morale

Femme de l'île de Pâques, édition italienne du Voyage de Cook.

Le corps nu n'est pas seulement décrit ou exalté dans sa force native, mais encore dans sa liberté et sa vérité. Dépouillé de tout vêtement, il s'offre spontanément au désir : le mythe du « bon sauvage » apparaît comme le rêve d'une sexualité libérée, débarrassée de la culpabilité qui pèse sur le corps dans la tradition judéo-chrétienne. Le corps des sauvages, « vu » par le baron de La Hontan ou par Diderot, est l'emblème des instincts qui ne connaissent d'autre loi que celle de la nature : le mariage était inconnu des Hurons ou des Tahitiens avant l'arrivée des Européens (« Il est permis à l'homme et à la femme de se séparer quand il leur plaît », écrit le baron de La Hontan).

Aussi Diderot, dans le *Supplément au voyage de Bougainville*, propose une morale naturelle, une sexualité sans tabou, seule capable de réaliser le bonheur, plaisir et vertu étant selon lui indissociables.

Nature et artifice

Baudelaire, qui fait de l'artifice un nouveau critère esthétique, refuse de voir dans la nature la source « de tout bien et de tout beau possibles ». Il retient du corps du sauvage non pas sa nudité mais sa parure, son goût naïf de l'artificiel : « Je suis ainsi conduit à regarder la parure comme un des signes de la noblesse primitive de l'âme humaine. Les races que notre civilisation, confuse et pervertie, traite volontiers de sauvages, avec un orgueil et une fatuité tout à fait risibles, comprennent, aussi bien que l'enfant, la haute spiritualité de la toilette. Le sauvage et le baby témoignent, par leur aspiration naïve vers le brillant, vers les plumages bariolés, les étoffes chatoyantes, vers la majesté superlative des formes artificielles, de leur dégoût pour le ciel, et prouvent ainsi, à leur insu, l'immatérialité de leur âme » (*Le Peintre de la vie moderne*).

Habitant de l'île de Woukakiwa, Océanie, gravure anonyme.

Éducation

Une éducation « naturelle » est-elle possible ?

Le mythe du « bon sauvage », élevé au sein de la nature et qui, selon Voltaire, voit les « choses comme elles sont, au lieu que les idées qu'on nous donne dans l'enfance, nous les font voir toute notre vie comme elles ne sont point » (*L'Ingénu*), permet, au XVIIIe siècle, de critiquer l'éducation traditionnelle.

Rousseau reproche à celle-ci d'être trop éloignée des lois naturelles, de brider chez l'enfant sa liberté native et d'encombrer son esprit d'un fatras de connaissances abstraites et inassimilables. Il ne s'agit pas de faire d'Émile (l'élève dont Rousseau veut entreprendre l'éducation) un enfant sauvage, mais de préserver chez lui ses qualités originelles et son autonomie en privilégiant l'expérience directe favorable à l'éducation des sens, à la curiosité naturelle et à la découverte concrète du monde physique, social ou économique.

À l'éducation-corruption-aliénation, Rousseau oppose donc une éducation au bonheur où la sociabilité n'est pas l'ennemie de la sensibilité mais suppose son épanouissement contrôlé.

L'enfant sauvage

Toute éducation n'est-elle pas forcément une « dénaturation » ? En apprenant la civilisation, l'enfant (ou le sauvage) ne perd-il pas nécessairement son indépendance ? Ces questions essentielles ont passionné le XVIIIe siècle, en particulier lorsqu'on découvrit et captura Victor, un enfant sauvage, dans l'Aveyron, en 1798, et qu'on tenta de le « civiliser ». Jean Marc Gaspard Itard, le médecin chargé de son éducation, raconte dans son *Rapport* de 1806 comment il essaya de révéler en lui le sentiment du juste et de l'injuste. Au lieu de récompenser comme d'habitude les progrès de Victor, il lui infligea un jour une punition nullement méritée entraînant une réaction de révolte qui réjouit le médecin : « C'était un acte de vengeance bien légitime : c'était une preuve incontestable que le sentiment du juste et de l'injuste, cette base éternelle de l'ordre social, n'était plus étranger au cœur de mon élève. En lui donnant ce sentiment, ou plutôt en en provoquant le développement, je venais d'élever l'homme sauvage à toute la hauteur de l'homme moral, par le plus tranché de ses caractères et la plus noble de ses attributions. »

La révolte de Victor a peut-être inspiré celle de Vendredi dans le roman de Michel Tournier, *Vendredi ou les Limbes du Pacifique* (1967) : après avoir provoqué « à demi involontairement la destruction de toutes les provisions accumulées par Robinson », il renverse la relation (imaginée par Defoe) entre le maître civilisé et l'élève (esclave) sauvage, et initie Robinson aux principes et aux plaisirs de la vie naturelle.

Kamala, enfant loup à l'orphelinat de Midnapore, Inde, XXe siècle.

Exotisme

Là-bas

« Là, tout n'est qu'ordre et beauté,
   Luxe, calme et volupté. »

Chateaubriand aux ruines de Carthage, gravure de Delaunay, XIXᵉ siècle.

La définition baudelairienne de l'« Idéal » dans « L'invitation au voyage » (*Les Fleurs du mal*, XVIII) illustre les séductions de l'exotisme qui consiste à valoriser l'altérité : un autre pays, un autre climat, un autre peuple. Cet attrait pour ce qui est le plus éloigné s'affirme souvent par l'inversion de ce qu'on observe chez soi : ainsi les « Cannibales » de Montaigne sont des gens « sans lettres, sans loy, sans roy, sans religion quelconque ». On frise le paradoxe : « La connaissance est incompatible avec l'exotisme, mais la méconnaissance est incompatible avec l'éloge des autres ; or, c'est précisément ce que l'exotisme voudrait être, un éloge dans la méconnaissance. Tel est son paradoxe constitutif » (Tzvetan Todorov, *Nous et les autres*, Éditions du Seuil, 1989).

Le mythe du « bon sauvage » apparaît une fois de plus dans sa dualité : signe d'une aspiration à une autre vie, par le rêve d'un autre monde, mais aussi déformation systématique de la réalité de ce monde sur lequel on projette le négatif de son propre univers.

Il existe plusieurs exotismes : l'exotisme de la simplicité (le mythe primitiviste du « bon sauvage ») et l'exotisme de la complexité (la fascination du XIXᵉ siècle pour les raffinements de l'Orient). Tous deux ont leurs limites.

Parti en Amérique chercher l'« homme de nature », Chateaubriand en vient à prendre ses distances par rapport au mythe : « Je ne crois point que la pure nature soit la plus belle chose du monde » (*Atala*, préface, 1801). Il refuse d'idéaliser les sauvages et voudrait comme Chactas, le héros d'*Atala*, réconcilier Indiens et civilisés. Il découvre finalement en Amérique « un curieux mélange de l'état de nature et de l'état civilisé » dont Atala, convertie au christianisme, est un exemple heureux. Dans l'*Itinéraire de Paris à Jérusalem*, Chateaubriand fait subir à la civilisation orientale le même traitement critique (voir p. 108). L'exotisme résiste mal à l'ethnocentrisme du voyageur occidental qui promène sur tout son regard ennuyé et déçu (« Je vais partout bâillant ma vie »), anticipation du « touriste » moderne qui préfère le spectacle des ruines à la communication avec les vivants.

Îles et forêts : l'éden sans la Chute

La géographie exotique du mythe du « bon sauvage » dessine deux espaces privilégiés : l'île et la forêt. Ces lieux symbolisent à la fois la vie naturelle et l'isolement qui a rendu possible sa préservation dans un état de fraîcheur originelle. L'éden tahitien célébré par Diderot, Gauguin, Segalen et Matisse, l'île de France (l'île Maurice) décrite par Bernardin de Saint-Pierre dans *Paul et Virginie* (1788), recèlent ainsi la magie d'« un beau pays en sommeil dans l'éclatement du soleil », dans « la merveilleuse lumière du premier jour » (Matisse).

L'île de Robinson et de Vendredi, nommée Speranza par Michel Tournier, apparaît également sur la carte du rêve exotique comme l'espoir d'une nouvelle naissance. Elle nourrit ses habitants sans qu'ils déploient beaucoup d'efforts. Les « bons sauvages » sont des chasseurs ou des pêcheurs plutôt que des agriculteurs : ils n'ont nul besoin de prévoyance et, contrairement aux civilisés, ne sont pas esclaves du temps : ils se soumettent seulement au rythme de la nature.

De même que l'île, la forêt est, dans l'imaginaire occidental, un espace sans lois, où cohabitent, comme dans le jardin des premiers temps, tous les règnes de la création. Cet espace clos – par les arbres cette fois –, véritable espace de la fécondité, est à la fois attirant et répulsif, tant on en craint la violence et tant on en recherche les charmes puissants. La forêt a, pour le voyageur, la beauté des commencements. Au mythe tahitien répond chez Claude Lévi-Strauss la splendeur amazonienne, l'« intimité tendre entre les plantes, les bêtes et les hommes » qui « ramène à l'âge où l'univers des êtres n'avait pas encore accompli sa scission » (*Tristes Tropiques*, VIII, 31, « Robinson »).

D. Defoe, Robinson Crusoé, *gravure de Clart & Pine, édition anglaise de 1719.*

Langage et coutumes

Langage naturel et nature du langage

La vie sauvage renvoie à la question de l'invention du langage abordée par Rousseau dans l'essai *Sur l'origine des langues*. Pour passer de la nature à la culture, sortir de l'animalité, l'homme doit acquérir l'usage de la parole. Prenant ainsi ses distances par rapport au courant matérialiste de son époque qui « prétend que les hommes inventèrent la parole pour exprimer leurs besoins », Rousseau affirme : « Ce n'est ni la faim, ni la soif, mais l'amour, la haine, la pitié, la colère qui leur ont arraché les premières voix. » Autre élément d'explication : en conduisant les hommes à se rapprocher, Dieu a créé les conditions du développement des langues.

Réduction des jésuites au Paraguay, dessin du père Florian Paucke, 1748.

Pour Rousseau, philosophe et musicien, la parole, la voix, n'est en rien inférieure à l'écriture : on ne doit pas rejeter les peuples sans écriture dans un néant culturel, car ils ont peut-être plus que les autres le langage de leurs passions.

Civiliser : tolérer ou détruire ?

Face aux « sauvages », les civilisés sont tentés par deux attitudes : reconnaître la radicale altérité de leurs coutumes ou les nier, en les ignorant ou en tentant de les transformer. On pourrait opposer l'attitude tolérante du baron de La Hontan célébrant la religion naturelle des Hurons et la donnant même en exemple, aux conversions forcées, voire à l'extermination, des Indiens par les conquérants du Nouveau Monde.

Le rôle joué par les jésuites du Paraguay dans l'histoire de l'évangélisation et de la « civilisation » des sauvages fut particulièrement discuté au XVIIIe siècle et illustre la complexité des relations entre l'Ancien et le Nouveau Monde. Voltaire, dans *Candide* (1759), ironise sur la puissance des jésuites : « C'est une chose admirable que ce gouvernement. Le royaume a déjà plus de trois cents lieues de diamètre ; il est divisé en trente provinces. Los Padres y ont tout, et les Peuples rien ; c'est le chef-d'œuvre de la raison et de la justice » (chap. XIV). Pourtant l'image du « civilisateur » n'est pas plus univoque que celle du « sauvage ». Le même Voltaire introduit dans son *Essai sur les mœurs* (1756) une nuance dans la critique : « Les jésuites se sont à la vérité servis de la religion pour ôter la liberté aux peuplades du Paraguay : mais ils les ont policées ; ils les ont rendues industrieuses, et sont venus à bout de gouverner un vaste pays, comme en Europe on gouverne un couvent. Il paraît que les primitifs ont été plus justes, et les jésuites plus politiques. Les premiers ont regardé comme un attentat l'idée de soumettre leurs voisins ; les autres se sont fait une vertu de soumettre des sauvages par l'instruction et par la persuasion » (t. II, chap. CLIV).

Liberté, égalité, fraternité

Né au XVIᵉ siècle, le mythe du « bon sauvage » a grandi au siècle des Lumières, au moment même où la civilisation occidentale tentait une refondation de ses valeurs. Dans un univers intellectuellement bouleversé par la critique des religions, géographiquement écartelé par la multiplication des voyages, le Dieu des chrétiens ne répond plus à ce besoin ontologique.

En quête d'une nouvelle universalité, écrivains et philosophes donnent naissance à une singulière idole : l'homme de nature, tout droit sorti d'un primitif paradis perdu, homme d'avant la Chute, ignorant du péché originel, de la propriété, de l'inégalité et de la guerre, être en paix avec lui-même et avec le monde, exacte antithèse de l'homme « civilisé » du XVIIIᵉ siècle.

Mais cette fiction est plus que le reflet inversé de la civilisation européenne. S'il n'est pas vraiment l'Autre (souvent simplifié dans son authentique différence), le « bon sauvage » permet du moins d'effectuer un déplacement, propice à la critique

Le Paradis, *gravure de Johan Sald, d'après Martin de Vos, XVIᵉ siècle.*

de l'intolérance, de la violence colonialiste et esclavagiste. Il encourage aussi la reconnaissance de la richesse des cultures singulières au sein d'une même nature humaine.

Liberté, égalité, fraternité : telles sont en résumé les valeurs dont il assure la promotion. Liberté d'un monde où les lois, conformes au seul droit naturel, découleraient de la raison universelle ; liberté de l'esprit débarrassé des superstitions ; liberté du corps par l'épanouissement de la sensibilité et du désir ; liberté de toute soumission puisque règnerait l'égalité. Égalité entre hommes qui ne connaîtraient ni tien, ni mien et pas davantage la subordination que la propriété ; égalité qui dispenserait de toute hypocrisie sociale, de tout abaissement devant un supérieur, de toute bienséance inutile entre des hommes qui sont frères. Fraternité, synonyme de partage, d'échange et de générosité dans une société qui exclurait tout luxe superflu ; fraternité du dialogue des cultures et des différences.

À cette utopie, le positivisme du XIXᵉ siècle, civilisateur, colonisateur et unificateur, porte un coup apparemment fatal. L'Occident, sans cesse à la recherche de ses racines, croit trouver dans la théorie des « races » la justification de son rêve de conquête. Dans quelques forêts reculées ou dans quelques îles lointaines, les derniers « bons sauvages » se préparent à une mort lente que décriront les ethnologues de notre temps.

On se reportera, pour un complément centré sur un auteur-clef du XVIIIᵉ siècle, au volume *Voltaire* de la même collection.

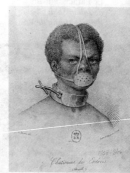

Châtiment des esclaves au Brésil, lithographie de Floriain, 1898.

16 citations à connaître

Montaigne, *Essais*,
page de couverture de
l'édition Blageart, 1640.

Sous-humanité de l'homme sauvage

« La cité est au nombre des réalités qui existent naturellement et l'homme est par nature un animal politique. Et celui qui est sans cité, naturellement et non par suite des circonstances, est ou un être dégradé ou au-dessous de l'humanité. »

Aristote, *La Politique*

Des cannibales

« Il n'y a rien de barbare et de sauvage en cette nation, à ce qu'on m'a rapporté, sinon que chacun appelle barbarie ce qui n'est pas de son usage. »

Montaigne, *Essais* (I, 31)

Liberté de l'état de nature

« Si l'état de nature est un état de liberté, ce n'est pas cependant un état de licence. Sans doute, l'homme dans cet état a la liberté absolue de disposer de sa personne et de ses biens, il n'a pas néanmoins la liberté de se détruire lui-même, non plus qu'aucune autre créature en sa possession. »

John Locke (1632-1704), *Essai sur le pouvoir civil*
(chap. II ; trad. J.-L. Fyot)

Le Huron Adario aux civilisés

« Vous êtes nos vrais antipodes pour les mœurs, et je ne puis examiner notre innocence sans réfléchir sur votre corruption. »

Baron de La Hontan, *Dialogues curieux
entre l'auteur et un sauvage de bon sens* (1703)

Sauvages sans propriété

« Quand la nature était dans son enfance,
Nos bons aïeux vivaient dans l'ignorance,
Ne connaissant ni le tien ni le mien.
Qu'auraient-ils pu connaître, ils n'avaient rien ;
Ils étaient nus, et c'est chose très claire
Que qui n'a rien n'a nul partage à faire. »

Voltaire, *Le Mondain* (1736)

L'Ingénu prisonnier des Français

« Mes compatriotes d'Amérique ne m'auraient
jamais traité avec la barbarie que j'éprouve : ils n'en
ont pas d'idée. On les appelle " sauvages " ; ce
sont des gens de bien grossiers et les hommes
de ce pays-ci sont des coquins raffinés. »

Voltaire, *L'Ingénu* (chap. X)

L'éducation de l'Ingénu...

« Je serai tenté, dit-il, de croire aux métamorphoses car j'ai été changé de brute en homme. »

Voltaire, *L'Ingénu* (chap. XI)

... et les réflexions du civilisé

« J'ai consumé cinquante ans à m'instruire, et
je crains de ne pouvoir atteindre au bon sens
naturel de cet enfant presque sauvage. »

Voltaire, *L'Ingénu* (chap. XI)

*Voltaire, L'Ingénu,
page de titre,
édition de 1767.*

L'instinct social

« Chaque animal a son instinct ; et l'instinct de
l'homme fortifié par la raison le porte à la société
comme au manger et au boire. »

Voltaire, *Dictionnaire philosophique,*
article « Homme » (1764)

Le bonheur naturel...

« Le pur état de nature est celui de tous, où les hommes seraient le moins méchants, le plus heureux, et en plus grand nombre sur la terre. »

Rousseau, *Fragments politiques*, II

... et l'impossibilité d'y revenir

« La nature humaine ne rétrograde pas. »

Rousseau, *Dialogues*, III

Le Tahitien à l'Européen

« Tu n'es ni un dieu ni un démon : qui es-tu donc pour faire des esclaves ? »

Diderot, *Supplément au voyage de Bougainville* (1772)

Méchanceté du bon sauvage

« Il est impossible [...] de faire société avec l'homme de la nature, parce qu'il est barbare, méchant et fourbe. »

La Pérouse, *Voyage autour du monde* (1797)

Moi égal à toi,
*gravure de Bonneville,
fin XVIIIe siècle.*

Civilisation sans destruction

« Qu'on civilise les sauvages, soit, mais qu'on les civilise en bien et non en mal. Qu'on supprime l'idolâtrie, mais non en supprimant les idolâtres. »

Herman Melville, *Taïpi* (1846)

L'art sauvage

« Je suis un sauvage. Et les civilisés le pressentent, car dans mes œuvres, il n'y a rien qui sur-

prenne, déroute, si ce n'est ce " malgré moi de sauvage ", c'est pourquoi c'est inimitable. »

Paul Gauguin, *Correspondance* (1873-1888)

Le barbare

« En refusant l'humanité à ceux qui apparaissent
comme les plus " sauvages " ou " barbares " de ses
représentants, on ne fait que leur emprunter une des
leurs attitudes typiques. Le barbare, c'est d'abord
l'homme qui croit à la barbarie. »

Claude Lévi-Strauss, *Race et histoire* (1952)

*Divers portraits de figures
faits sur les mœurs des
habitants du Nouveau
Monde, gravure de A.
Jacquart.*

*À droite, lettre de Voltaire
à Rousseau à propos du
Discours sur l'origine …,
30 août 1755.*

aux délices pres de
geneve

Jay reçu Monsieur, votre nouveau livre contre le genre humain,
je vous en remercie ; vous plairez aux hommes a qui vous dites
Leurs vérités, et vous ne les corrigerez pas. vous peignez au
des couleurs bien vrayes les horreurs de la Société humaine
dont l'ignorance et la faiblesse se promettent tant de douceur
on n'a jamais tant employé d'esprit à vouloir nous rend
Bêtes ;

il prend envie de marcher a quatre pattes quand on lit vo
ouvrage. cependant comme il y a plus de soixante ans
que j'en ay perdu l'habitude, je sens malheureusement qu
m'est impossible de la reprendre. et je laisse cette allure
naturelle a ceux qui en sont plus dignes, que vous et moy
je ne peux non plus m'emb
Sauvages du canada, pre
au quelles je suis condamn
necepaire, secondement p
dans ce pays la, et que t
Rendu les sauvages pre
je me borne a être un Sau
qui jay choisie au pres
etre ;

j'avoue avec vous que le

Avez-vous bien lu
L'Ingénu ?

Test-rappel

1. *De quelle église l'abbé de Kerkabon est-il le prieur ?*
a) Notre-Dame-de-la-Garde
b) Notre-dame-de-la-Mer
c) Notre-Dame-de-la-Montagne

2. *Quelle est la situation de Mlle de Kerkabon ?*
a) elle est veuve
b) elle n'a jamais été mariée
c) elle est fiancée

3. *L'Ingénu est-il venu en France :*
a) par curiosité
b) à la suite d'un naufrage
c) comme esclave des Anglais

4. *Que signifie « trovander » en huron ?*
a) manger
b) faire l'amour
c) voyager

5. *Qui le prieur de Kerkabon reconnaît-il dans le Huron ?*
a) un cousin
b) un petit-fils
c) un neveu

6. *Le jour de son baptême, que fait l'Ingénu ?*
a) il repart en Angleterre
b) il plonge dans l'eau d'une rivière
c) il refuse de boire du vin

I

Voltaire, L'Ingénu, vignette de S. Sauvage, édition Kieffer, 1922.

7. *Quel prénom l'Ingénu reçoit-il ?*
a) Louis
b) Achille
c) Hercule

8. *L'Ingénu se met-il en colère parce que Mlle de Saint-Yves :*
a) veut épouser un autre homme
b) est enfermée dans un couvent
c) est partie à Versailles

9. *Que sont les huguenots ?*
a) des protestants
b) des jansénistes
c) des jésuites

10. *Pourquoi l'Ingénu se rend-il à Versailles ?*
a) pour visiter la capitale de la France
b) pour chercher Mlle de Saint-Yves
c) pour être récompensé de ses hauts faits guerriers

11. *L'Ingénu est-il enfermé à la Bastille :*
a) après un procès
b) pour avoir tué des Anglais
c) sur lettre de cachet

12. *Que désigne la grâce efficace ?*
a) un point de la doctrine janséniste
b) le moyen pour l'Ingénu de sortir de prison
c) la beauté de Mlle de Saint-Yves

13. *Comment l'Ingénu fait-il pleurer Gordon ?*
a) en lui racontant la mort de Mlle Abacaba
b) en lui reprochant d'être janséniste
c) en déclamant des vers d'*Iphigénie*

14. *Comment s'appelle le jésuite auquel s'adresse Mlle de Saint-Yves ?*
a) le Père Toutes-à-tous
b) le père Tous-à-toutes
c) le père Tout-à-tous

15. *Que conseille le confesseur jésuite à la belle Saint-Yves ?*
a) de refuser les propositions de M. de Saint-Pouange
b) de les accepter
c) de négocier avec lui pour obtenir des boucles d'oreilles

16. *Pour délivrer l'Ingénu, la belle Saint-Yves :*
a) perd sa vertu
b) écrit une lettre au roi
c) écrit une lettre au pape

17. *Où les retrouvailles de l'Ingénu et de la Saint-Yves ont-elles lieu ?*
a) à Saint-Malo
b) à Versailles
c) à Paris

18. *De quoi la Saint-Yves meurt-elle ?*
a) de chagrin
b) suite à une mauvaise fièvre
c) en tombant de cheval

19. *Que devient l'Ingénu à la fin du conte ?*
a) ministre
b) moine
c) officier

20. *Quelle devise prend Gordon ?*
a) « Il faut cultiver notre jardin »
b) « Malheur est bon à quelque chose »
c) « Malheur n'est bon à rien »

solutions page 128

Résumé

L'Ingénu est formé de deux parties principales. Dans la première, l'action se déroule en Basse-Bretagne ; dans la seconde, entre Versailles et Paris, où se rendent les héros du conte (l'Ingénu aux chapitres huitième et neuvième, la belle Saint-Yves au chapitre treizième).

Chacun des vingt chapitres formant *L'Ingénu* porte un titre qui en résume le contenu.

Voltaire, Le Huron
ou L'Ingénu,
chapitre premier,
édition A. Bouillon, 1778.

PREMIÈRE PARTIE

L'arrivée de l'Ingénu en Basse-Bretagne

Le conte s'ouvre sur l'évocation des circonstances « miraculeuses » de la fondation par saint Dunstan, « Irlandais de nation et saint de profession », du prieuré de la Montagne, près de Saint-Malo, en Basse-Bretagne. C'est là, le 15 juillet 1689, que l'abbé de Kerkabon, prieur de Notre-Dame-de-la-Montagne, « un très bon ecclésiastique, aimé de ses voisins, après l'avoir été autrefois de ses voisines », et sa sœur, Mlle de Kerkabon, voient débarquer d'un bateau anglais « un jeune homme très bien fait, nu-tête et nu-jambes, les pieds chaussés de petites sandales, le chef orné de longs cheveux en tresse, un petit pourpoint qui serrait une taille fine et dégagée, l'air martial et doux ». Le jeune homme est un Huron appelé l'Ingénu, ce qu'il explique ainsi au prieur et à sa sœur qui l'ont convié à souper : « On m'a confirmé ce nom en Angleterre, parce que je dis toujours naïvement ce que je pense, comme je fais tout ce que je veux ». Fait prisonnier dans son pays par les Anglais, il les a volontairement accompagnés en Europe où il est désormais libre de voyager.

Accueilli comme une curiosité exotique par ses hôtes et « toute la bonne compagnie du canton » accourue pour voir un Huron, l'Ingénu se prête à toutes les questions des Bas-Bretons avec un mélange de bonne grâce et de fierté réservée. L'Ingénu n'a jamais connu ni père ni mère et a appris le français grâce à un huguenot réfugié en Angleterre, ce qui lui permet d'être compris de ses hôtes lorsqu'il leur raconte quelques-unes de ses aventures dans les forêts de Huronie. Il charme, par sa beauté et sa fermeté, Mlle de Kerkabon et surtout la sœur d'un abbé des environs, la belle Mlle de Saint-Yves.

L'Ingénu, reconnu de ses « parents » et baptisé

Lorsque la compagnie apprend que l'Ingénu n'est pas baptisé, tous projettent de le convertir, ce que refuse vigoureusement le Huron (chap. premier). Mais, grâce à un médaillon porté par celui-ci et consistant en deux portraits, le prieur de Notre-Dame-de-la-Montagne reconnaît en l'Ingénu le fils de son frère et de sa belle-sœur disparus au Canada depuis vingt ans (chap. II).

Le jeune homme accepte de demeurer avec ses « parents » et, après avoir lu la Bible, consent à être baptisé (chap. III), mais il veut l'être selon les rites décrits dans le livre sacré et se plonge, à cette fin, dans une rivière dont seule sa belle marraine, Mlle de Saint-Yves, réussit à le faire sortir : « Ah ! tout ce que vous voudrez, mademoiselle, tout ce que vous me commanderez : baptême d'eau, baptême de feu, baptême de sang, il n'y a rien que je vous refuse » (chap. IV).

Il reçoit le nom d'Hercule, « un saint qui avait fait douze miracles », et déclare son amour à Mlle de Saint-Yves. Mais on lui interdit d'épouser sa marraine, ce qui plonge l'Ingénu dans une vive colère (chap. V).

Voltaire, L'Ingénu, gravure de Delignon, d'après Moreau Le Jeune 1786.

L'Ingénu amoureux

Contestant la valeur d'une religion qui empêche les gens d'être heureux, il court chez sa bien-aimée et veut l'« épouser » selon la loi naturelle, « et en effet il l'épousait, si elle ne s'était pas débattue avec toute l'honnêteté d'une personne qui a de l'éducation ! » Il consent finalement à respecter les règles de la bienséance mais devient à nouveau furieux lorsque sa famille enferme la belle Saint-Yves dans un couvent (chap. VI).

Un débarquement anglais sur les côtes bretonnes donne à l'Ingénu l'occasion de montrer sa valeur guerrière : « Il court à eux, il en tue trois de sa main, il blesse même l'amiral, qui s'était moqué de lui. Sa valeur anime le courage de toute la milice ; les Anglais se rembarquent, et toute la côte retentissait des cris de victoire : Vive le roi, vive l'Ingénu ! » (chap. VII).

DEUXIÈME PARTIE

L'Ingénu embastillé

Parti pour Versailles où il compte recevoir du roi le prix de ses services, le Huron soupe en chemin avec des huguenots fuyant leur patrie (l'édit de Nantes a été révoqué par Louis XIV en 1685) mais leur conversation est surprise par « un jésuite déguisé qui servait d'espion au révérend père de La Chaise [le confesseur du roi] » et qui dénonce l'Ingénu à son supérieur (chap. VIII).

Arrivé à Versailles, l'Ingénu, qui croyait pouvoir rencontrer facilement le roi, est arrêté et enfermé à la Bastille sur lettre de cachet (chap. IX). Il partage sa chambre avec un vieux prêtre janséniste nommé Gordon, emprisonné depuis deux ans pour ses idées. L'Ingénu et Gordon confrontent leurs réflexions sur la Providence : « Il faut, dit le janséniste au Huron, que Dieu ait de grands desseins sur vous, puisqu'il vous a conduit du lac Ontario en Angleterre et en France, qu'il vous a fait baptiser en Basse-Bretagne, et qu'il vous a mis ici pour votre salut. – Ma foi, répondit l'Ingénu, je crois que le diable s'est mêlé seul de ma destinée. [...] Chaque jour la conversation devenait plus intéressante et plus instructive. Les âmes des deux captifs s'attachaient l'une à l'autre. Le vieillard savait beaucoup et le jeune homme voulait beaucoup apprendre » (chap. X).

VIII

L'INGÉNU VA EN COUR. IL SOUPE EN CHEMIN AVEC DES HUGUENOTS.

L'Ingénu prit le chemin de Saumur par le coche, parce qu'il n'y avait point alors d'autre

Voltaire, L'Ingénu, *vignette de S. Sauvage, édition Kieffer, 1922.*

L'Ingénu initié

Ainsi l'Ingénu, grâce à Gordon, découvre les sciences et la philosophie, l'histoire et la littérature, mais il ne se contente pas de lire : il forme son esprit critique en opposant aux conceptions métaphysiques du janséniste son bon sens naturel (chap. X et XI).

La poésie, et en particulier celle du théâtre de Racine, en lui parlant d'amour, plonge l'âme de l'Ingénu dans le plaisir et la douleur (chap. XII).

Pendant ce temps, le prieur de Kerkabon et sa sœur, inquiets pour leur neveu, se rendent à Versailles sans réussir à obtenir aucune nouvelle de l'Ingénu. La belle Saint-Yves se résout d'aller elle-même chercher des informations à Versailles où elle apprend le sort du Huron et où on lui conseille d'essayer d'obtenir de M. de Saint-Pouange, personnage puissant, cousin et favori du ministre Louvois, la libération du jeune homme (chap. XIII).

Celui-ci poursuit à la Bastille ses progrès « dans les sciences et surtout dans la science de l'homme » : il fait douter Gordon de ses certitudes et le convainc de la valeur inestimable de la liberté et de l'amour (chap. XIV).

La belle Saint-Yves sacrifiée

Cependant la belle Saint-Yves, rendant visite à M. de Saint-Pouange, est victime d'un chantage : son amant sera libéré si elle accorde ses faveurs au sous-ministre (chap. XV).

Mlle de Saint-Yves suppliant M. de Saint-Pouange, L'Ingénu, *Londres, 1778.*

Elle refuse et va consulter un confesseur jésuite, le père Tout-à-tous qui, apprenant le nom du haut personnage en question, lui conseille d'accepter le marché proposé par Saint-Pouange (chap. XVI).

Horrifiée par tant de corruption et d'hypocrisie, craignant de perdre à jamais l'Ingénu, la belle Saint-Yves « succombe par vertu » après une longue résistance aux pressions du courtisan (chap. XVII).

Elle obtient la libération du Huron et de Gordon (chap. XVIII).

Mais au bonheur de retrouver « l'Ingénu qui n'était plus l'Ingénu » se mêle, dans le cœur de la jeune femme, la douleur secrète de l'avoir trahi (chap. XIX).

Elle en meurt de chagrin, laissant l'Ingénu, inconsolé. Saint-Pouange, en apprenant la mort de la belle Saint-Yves, connaît le repentir.

« Le temps adoucit tout. Mons. de Louvois vint enfin à bout de faire un excellent officier de l'Ingénu, qui a paru sous un autre nom à Paris et dans les armées, avec l'approbation de tous les honnêtes gens, et qui a été à la fois un guerrier et un philosophe intrépide » (chap. XX).

Rédaction et publication

NOTICE BIOGRAPHIQUE : DE VOLTAIRE À *L'INGÉNU*

1694. Naissance à Paris de François Marie Arouet, fils d'une famille bourgeoise aisée. Son père est notaire.

1704-1711. Les jésuites du collège Louis-le-Grand forment ce brillant élève qui n'aura guère de reconnaissance pour ses maîtres. Voltaire critiquera toute sa vie avec virulence le pouvoir des jésuites qu'il juge excessif.

Voltaire à la Bastille, *lithographie de C. Motte.*

1717-1718. Parmi ses premiers écrits, des vers satiriques contre le Régent valent onze mois de Bastille à celui qui signe désormais Voltaire.

1726. Libertin, courtisan, poète et tragédien, le jeune Voltaire est avant tout un esprit libre. Une dispute avec un grand seigneur, le chevalier de Rohan, lui vaut quelques coups de bâton, un retour à la Bastille sur lettre de cachet, puis un exil de deux ans et demi en Angleterre. C'est (en sens inverse) le parcours de l'Ingénu. L'Angleterre, la cour, la prison. Autant de symboles : d'un côté (de la Manche) la tolérance, la monarchie tempérée, de l'autre l'aliénation, la corruption et la monarchie absolue.

1734. Après être rentré en France et avoir triomphé au théâtre avec *Zaïre* (1732), Voltaire doit à nouveau s'exiler après la publication et l'interdiction de ses *Lettres philosophiques* (1734). *L'Ingénu* nous apprend que l'on peut devenir philosophe en aimant. C'est ce que découvre Voltaire au cours de son exil auprès de Mme du Châtelet à Cirey (Lorraine). C'est aussi ce que vit Zadig, le héros de son premier conte (1747).

1750. Mais peut-on être un bon courtisan tout en restant un « philosophe intrépide » ? À cette question posée par le dernier chapitre de *L'Ingénu*, Voltaire répond négativement après sa brouille avec le roi de Prusse, Frédéric II, dont il fut l'hôte de plus en plus ironique et encombrant à la cour de Sans-Souci.

1755. Nouvelle brouille : avec Rousseau cette fois. Un des motifs de la querelle est le mythe du « bon sauvage », Voltaire reprochant au philosophe de Genève son apologie de l'« homme naturel » mais surtout sa condamnation de la civilisation. *L'Ingénu*, œuvre de compromis entre les droits de la Nature et les devoirs de l'homme social, sera une réponse aux *Discours* de Rousseau (voir p. 92).

1759. Quatre ans après le tremblement de terre de Lisbonne (1755) et en pleine guerre de Sept Ans (voir p. 61), Voltaire rappelle à ses contemporains dans *Candide* que tout n'est pas pour le mieux dans le meilleur des mondes possibles. En faisant voyager son héros en Amérique où il rencontre les « sauvages nommés Oreillons », redoutables anthropophages, l'auteur de *Candide* se moque à la fois de l'utopie de la « pure nature » et des missionnaires jésuites : « Après tout [dit Candide], la pure nature est bonne, puisque ces gens-ci, au lieu de me manger, m'ont fait mille honnêtetés, dès qu'ils ont su que je n'étais pas jésuite » (*Candide*, chap. XVI). (Voir le volume *Voltaire* de la même collection.)

1767. Lorsque paraît *L'Ingénu*, Voltaire est devenu l'« aubergiste de l'Europe », recevant à Ferney, près de Genève, toutes les « têtes philosophiques » du siècle

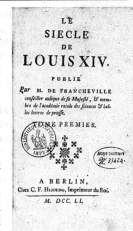

Voltaire, Le Siècle de Louis XIV, *page de titre, édition Henning, Berlin, 1751.*

des Lumières et menant le combat contre le fanatisme et l'intolérance. En mourant en 1778, il laisse ce testament : « Je meurs en adorant Dieu, en aimant mes amis, en ne haïssant pas mes ennemis et en détestant la superstition. »

À la parution de *L'Ingénu*, en 1767, Voltaire est donc sans conteste l'écrivain français le plus célèbre. Pour ses tragédies (qu'on ne lit plus guère aujourd'hui) et ses œuvres philosophiques et historiques par lesquelles il a contribué à donner sa signification au mot « Lumières » qui orne son siècle : *Lettres philosophiques* (1734), *Le Siècle de Louis XIV* (1752), *Essai sur les mœurs* (1756), *Traité sur la tolérance* (1763), *Dictionnaire philosophique* (1764). Voltaire est également célèbre pour son combat permanent contre la superstition, l'intolérance et l'arbitraire qui lui valut prison, exil et gloire et pour son ironie mordante, parcourant ses contes comme le fil rouge de l'esprit critique. Voltaire, donnant une portée philosophique à ses contes, invente ainsi un genre littéraire nouveau. Ses contes, dont il ne se reconnaît parfois pas l'auteur, se jouent de la censure et se parent, avec malice... et délice, de pseudonymes plus ou moins transparents.

Les Embarras de Paris, *gravure, 1730.*

« Il est très triste qu'on m'impute tous les jours non seulement des ouvrages que je n'ai point faits, mais aussi des écrits qui n'existent point », c'est ainsi que Voltaire désavoue la paternité de *L'Ingénu*, allant jusqu'à en contester l'existence (dans une lettre du 8 août 1767 à Damilaville)... tout en faisant paraître le conte simultanément à Genève et à Paris. Le succès est immédiat : il est réédité neuf fois en 1767, copié, adapté, parodié, enfin « continué » comme *Candide*.

VOLTAIRE ET LE DÉBAT SUR LE « BON SAUVAGE »

Cet engouement pour l'histoire de *L'Ingénu*, Huron « élevé chez les sauvages, puis chez les Anglais, instruit de la religion en Basse-Bretagne » (extrait du résumé par Voltaire de *L'Ingénu*), et voyageant à Versailles sous le règne de Louis XIV, s'explique en grande partie par la vogue du personnage du « bon sauvage » et par les débats qu'il suscite dans les années 1750-1760. La confrontation des idées a pris un tour polémique entre Rousseau et Voltaire après la rédaction par le premier du *Discours sur l'origine et les fondements de l'inégalité parmi les hommes* paru en 1755 (voir p. 106), la question principale étant de savoir si, au nom de la nature, on doit forcément condamner la culture.

Voltaire, dans *L'Ingénu*, en dépit des simplifications auxquelles donne lieu le schéma du conte, apporte une réponse nuancée, ne rejetant pas « en bloc » la civilisation. N'a-t-il pas, dans son poème satirique *Le Mondain* (1736), soutenu que certains raffinements de la civilisation (le luxe en particulier) contribuaient au bonheur des hommes ? Mais il a aussi recherché les sources du Mal dans le monde et en particulier dans la société européenne, dont il dénonce les aliénations, la cruauté, la bêtise dans *Candide*. Il a fait du combat contre une Église catholique intolérante, qu'il appelle « L'Infâme », sa préoccupation permanente. Dès lors, *L'Ingénu*, une de ses dernières œuvres, apparaît comme la synthèse de réflexions diverses. Voltaire, en confrontant

Portrait de Montesquieu.

un étranger aux usages de la civilisation française (comme Montesquieu l'avait fait, en 1721, dans *Les Lettres persanes*), en présente une vigoureuse satire, d'autant plus vive que son héros, comme le veut le mythe du « bon sauvage », dispose d'un regard innocent et d'une raison ferme (ce qui est conforme à l'idéal du philosophe). À la critique d'une civilisation inique s'ajoute le récit d'une initiation qui ne signifie pas dégradation, mais évolution favorable vers plus de sagesse.

Cette initiation a d'ailleurs commencé, pour l'Ingénu, en Angleterre, où il a appris (comme Voltaire) que les libertés individuelles pouvaient être protégées par la loi. La date qui marque le commencement de l'histoire de *L'Ingénu* est d'ailleurs significative : 1689 est l'année où l'Angleterre s'est dotée d'une « liberté sage » par le *Bill of right* (la Charte des droits) qui en a fait une monarchie constitutionnelle (modèle politique d'un gouvernement tempéré, cher à Voltaire). 1689 est au contraire en France l'apogée de la monarchie absolue, une année de guerres religieuses (contre les protestants et les jansénistes), sous le règne de Louis XIV. Lorsque Voltaire écrit *L'Ingénu* (en 1767, sous Louis XV), rien n'a vraiment changé : il faut donc prendre le conte comme une critique de l'absolutisme contemporain et en particulier des persécutions religieuses.

INDIENS, ANGLAIS ET FRANÇAIS À L'ÉPOQUE DE *L'INGÉNU*

L'histoire de l'Ingénu, son voyage en France, son désir d'indépendance doivent être replacés dans le contexte des relations difficiles entre les colons européens et les Indiens d'Amérique du Nord aux XVIIe et XVIIIe siècles.

En voici quelques étapes significatives :

1608. Champlain et les premiers missionnaires français s'installent sur les rives du Saint-Laurent (Québec) et nouent des relations pacifiques avec les Hurons et les Algonquins dont ils entreprennent l'évangélisation.

1620. L'immigration anglaise et hollandaise se développe en Nouvelle-Angleterre et à la Nouvelle-Amsterdam (New York).

Évangélisation des Canadiens, dessin de Champlain.

1630-1640. Début des « Guerres iroquoises ». Les tribus iroquoises armées par les Hollandais mènent une guerre fratricide contre les Hurons, alliés des Français. Le contrôle du commerce de la fourrure au nord-est de l'Amérique en est l'enjeu.

1665. Louis XIV doit envoyer 1 000 hommes et des canons en Nouvelle-France pour protéger les colons français et mettre un terme à la guerre.

1675. En Nouvelle-France, les jésuites ont réussi à convertir 4 000 Indiens.

[**1689.** L'Ingénu arrive en France.]

1730. Les Français ont étendu leurs explorations et leurs possessions depuis le Saint-Laurent et les Grands Lacs vers l'ouest et le sud. En 1730, les tribus Natchez du bas Mississippi se révoltent.

1756. La guerre de Sept Ans oppose les Français et leurs alliés indiens aux Anglais et aux Iroquois qui l'emportent avec la prise de Québec.

Le commerce des fourrures au Canada, 1777.

1763. Le traité de Paris entre la France et l'Angleterre marque l'effondrement de l'empire français en Amérique.

1767. Parution de *L'Ingénu*.

Le personnage de l'Ingénu

Voltaire a choisi le personnage de l'Ingénu pour sa différence : il est non seulement le héros d'exception du conte traditionnel, doué de force et de beauté, qui transcende les obstacles et suscite l'aventure, mais aussi le « bon sauvage » dont l'irruption, en Basse-Bretagne ou à Versailles, crée un « choc des cultures » et permet, au nom du naturel, une critique des mœurs françaises.

Le contraste est total entre la sincérité, l'innocence, l'ignorance connotées par le surnom du héros et le monde figé, corrompu par une éducation du préjugé, dans lequel il se trouve brusquement plongé. Ce personnage, né libre, affronte des contraintes, des rapports hiérarchiques, des aliénations (dont son séjour à la Bastille est l'exemple le plus parlant), nullement justifiés par la raison mais uniquement par la coutume (illustrée par la Basse-Bretagne) ou les jeux du pouvoir (symbolisés par Versailles).

Personnage du voyage, du mouvement, du désir, il introduit la surprise, la nouveauté, la passion dans un univers sclérosé par ses conventions. L'opposition, d'abord comique, devient finalement tragique. Par son incompréhension, sa colère transformée bientôt en lucidité critique, l'Ingénu établit une distance entre lui et le monde confus et cruel qui tente de le prendre au piège, distance proprement philosophique qui permet

Les Jeux bretons, *gravure d'Olivier Perrin.*

de poser les questions essentielles qui portent sur la liberté, la destinée, le bonheur.

Mais tout en perdant sa liberté et son innocence, le Huron s'initie au monde civilisé. L'Ingénu perd son ingénuité. « Poli par l'amour », éduqué par les livres et par l'expérience, il suscite une double interrogation : la civilisation (l'éducation) va-t-elle pervertir l'être de nature ? Comment la nature et la culture peuvent-elles s'accorder ?

L'Ingénu est, à la fin du compte (et du conte), le résultat de cette addition opérée par Voltaire philosophe : l'éducation à l'européenne revue et corrigée par un individu libre qui ose se servir de sa raison, selon le mot d'ordre des Lumières, pour atteindre, quel que soit le domaine, la vérité, fût-elle douloureuse.

Le titre du conte suggère ainsi la situation initiale, le personnage principal étant caractérisé par sa naïveté. Comme dans *Candide*, le héros est une page blanche sur laquelle s'inscriront les enseignements de l'expérience. Mais il est autant l'agent que l'objet d'une initiation : par ses interrogations, il contraint les autres personnages à remettre en cause leurs certitudes et à évoluer. Comment éviter que cette initiation ne soit une dénaturation et une aliénation ? C'est à cette question que Voltaire tente de répondre dans *L'Ingénu*.

L'INGÉNU, DE L'ÉTAT DE NATURE À LA CIVILISATION

La comparaison des premiers chapitres et de la situation finale permet de mesurer l'évolution de l'Ingénu. Le Huron, s'il représente l'homme de nature, n'est pas pour autant au début du conte un ignorant. Il a connu, dans les forêts du Nouveau Monde, diverses expériences (dont une première expérience amoureuse avec « Mlle Abacaba », chap. premier). Il a en outre appris le français et l'anglais. Son voyage en Angleterre lui a enfin permis d'apprécier les avantages du système politique de ce pays (voir chap. XIV).

Cependant, malgré cette « culture », l'Ingénu est resté fruste. Il est mû par les instincts de la nature (chap. VI) et ignore les règles de la bienséance. Il définit lui-même son ingénuité comme une combinaison de franchise qui ne s'embarrasse d'aucune politesse et de liberté qui ne supporte aucune contrainte (chap. premier).

À la fin du conte, au contraire, l'Ingénu « qui n'était plus l'ingénu » (chap. XIX), a appris à maîtriser ses impulsions (il ne met pas fin à ses jours après la mort de la belle Saint-Yves, pas plus qu'il ne tue Saint-Pouange, chap. XX). Il s'est initié en prison, grâce à la lecture, à la connaissance du monde et il peut affirmer à l'orée du onzième chapitre (« Comment l'Ingénu développe son génie ») : « Je serais tenté de croire aux métamorphoses, dit-il, car j'ai été changé de brute en homme. »

Acadiens in Costumes d'Amérique *de François Jollain, XVIIe siècle.*

Les deux agents principaux de cette transformation, les deux initiateurs de l'Ingénu sont Mlle de Saint-Yves, qui transforme le « sauvage » en homme amoureux et vertueux, et Gordon, le bon père janséniste, qui lui fait découvrir les sciences, les arts et la philosophie (chap. X, XI, XII et XIV).

L'initiation du Huron est donc double : à l'enseignement livresque s'ajoutent les leçons de l'expérience, et en particulier celles du sentiment. C'est dans cette mesure que l'Ingénu est conforme à l'idéal voltairien.

L'INGÉNU, UN IGNORANT PHILOSOPHE

Le héros du conte n'a rien d'un élève passif. Sa métamorphose en homme civilisé ne va pas sans peine pour ceux qui tentent de le faire entrer dans le giron d'une vie sociale faite de conventions qu'il juge bien souvent déraisonnables (voir les chapitres premier à VI). C'est précisément par la pureté de sa raison que l'Ingénu résiste à la mission « civilisatrice » que veulent par exemple assumer les Bas-Bretons. En réalité, l'Ingénu réintroduit dans un monde artificiel et nourri de stéréotypes le naturel perdu, conformément au mythe du « bon sauvage ». C'est en ce sens qu'on peut voir en lui un initiateur autant qu'un initié. Ce renversement de la relation éducateur/éduqué est particulièrement net lorsque l'Ingénu, que les Bas-Bretons veulent baptiser, rappelle ces derniers aux vérités élémentaires de leur propre foi. De même, la rencontre de l'Ingénu et de Gordon donne lieu à une évolution du vieil homme aussi bien que de son jeune élève (voir notre lecture méthodique du chapitre XIV, p. 80) à travers un dialogue permanent qui apparaît comme la forme naturelle d'un enrichissement réciproque.

L'éducation, selon Voltaire, suppose non point une relation à sens unique entre le maître et l'élève, et tous les risques d'endoctrinement qui y sont liés, mais une

La mort de la belle Saint-Yves, L'Ingénu, *gravure de Vidal, Londres, 1778.*

confrontation d'idées et d'expériences, un échange entre différents personnages (et des personnages complètement différents) qu'organise la fiction du conte philosophique. Le « couple » Gordon-l'Ingénu est à cet égard exemplaire et apparaît comme l'antithèse du couple formé par le héros de *Candide* et son maître Pangloss, incapable (contrairement à Gordon) de tirer quelque enseignement que ce soit des expériences et des rencontres de sa vie.

Mlle de Saint-Yves, comme Gordon, est métamorphosée par sa découverte de l'Ingénu : « Ce n'était plus cette fille simple dont une éducation provinciale avait rétréci les idées. L'amour et le malheur l'avaient formée. Le sentiment avait fait autant de progrès en elle que la raison en avait fait dans l'esprit de son amant infortuné [...]. Son aventure était plus instructive que quatre ans de couvent » (chap. XVIII). Réapparaît ainsi l'idée que la véritable éducation ne doit pas être coupée des réalités mais formée par l'expérience de ces réalités, fussent-elles pénibles.

L'INGÉNU OU LES LEÇONS DE L'EXPÉRIENCE

Portrait de Voltaire, sur le frontispice d'une édition de ses Œuvres de 1768.

Le savoir théorique, la « culture » au sens d'apprentissage dans les livres, ne sont pas en mesure de former seuls l'homme tel que le rêvent les philosophes du XVIIIe siècle et en particulier Voltaire. Un esprit ne progresse vers la lumière qu'à la faveur d'un faisceau d'événements, de conversations, de réflexions, de sentiments.

Ainsi, son amour pour Mlle de Saint-Yves et son emprisonnement sur lettre de cachet conduisent l'Ingénu à découvrir le mal fondamental attaché aux rapports de force dans la société d'Ancien Régime. Cette prise de conscience est catalysée par le dialogue entre l'Ingénu et Gordon et reflétée par les lectures du jeune homme, et singulièrement celles des pièces de Racine qui lui renvoient l'image douloureuse, violente et tragique de son propre destin. Se noue alors la conversation muette mais indispensable, selon Voltaire, à toute éducation entre les livres et la vie, quand bien même un constat pessimiste doit en naître selon lequel les véritables leçons, celles qui s'impriment durablement en nous, sont des leçons amères. Pour l'Ingénu, comme pour les autres figures principales des contes de Voltaire, *Zadig* ou *Candide*, l'éducation est d'abord celle du malheur.

La fin des aventures du Huron et de la belle Saint-Yves est à cet égard particulièrement significative : le schéma du conte traditionnel qui voit habituellement le héros conquérir l'objet de son désir, après avoir accompli de difficiles épreuves et affronté de nombreux ennemis, est, dans *L'Ingénu*, apparemment perturbé par l'irruption de la mort qui dérobe au jeune homme sa bien-aimée. Si Voltaire a choisi un dénouement tragique, tempéré toutefois par l'intégration finale du héros dans un code social qu'il avait jusque-là contesté, n'est-ce pas pour signaler que le but de la vie, au-delà des circonstances et des affections qui la constituent et lui donnent un sens, est la conquête d'une sagesse permettant de juger le monde mais aussi d'y vivre ?

Voltaire, L'Ingénu, *vignette de S. Sauvage, édition Kieffer, Paris, 1922.*

VII

L'INGÉNU REPOUSSE LES ANGLAIS.

L'Ingénu, plongé dans une sombre et profonde mélancolie se promena vers le bord de

Tel paraît bien l'enjeu, en définitive, de l'histoire de l'Ingénu : passant de l'état de nature à l'état civilisé, il découvre la difficulté de réaliser le bonheur en ce monde. L'initiation est synonyme de désillusion.

Pourtant *L'Ingénu*, dernière leçon de sagesse de Voltaire au soir de son existence, délivre un autre enseignement : la transformation du Huron, au-delà de la mort de Mlle de Saint-Yves, en « un guerrier et un philosophe intrépide », témoigne de la possibilité de concilier, au sein d'une société corrompue mais perfectible (même Saint-Pouange est capable de se corriger), l'action droite de l'« honnête homme » (le « guerrier » conforme à l'idéal chevaleresque d'une société aristocratique) et la pensée juste de l'homme de raison (le « philosophe », dans la définition du siècle des Lumières).

L'éducation par le malheur semble ainsi dépassée ou du moins placée à distance par la philosophie voltairienne : l'ironie, qui sous-tend *L'Ingénu*, permet précisément cette distanciation, premier pas vers la liberté de penser par soi-même et de vivre sans assujettissement. L'ironie, arme critique et moyen de former le lecteur, s'exerce dans les dernières lignes du conte aux dépens de Gordon : « Le bon Gordon vécut avec l'Ingénu jusqu'à sa mort dans la plus intime amitié [...]. Il prit pour devise : " malheur est bon à quelque chose " ». À cette sagesse qui s'accommode de la fatalité du mal pour en extraire quelque bien, Voltaire répond *in extremis* : « Combien d'honnêtes gens dans le monde ont pu dire : " malheur n'est bon à rien " » !

La critique voltairienne et le conte philosophique

Le conte philosophique a une vocation critique : mener le combat contre l'injustice et l'intolérance passe par la fiction qui permet de mettre en situation des personnages cibles incarnant les vices d'une société. Dès lors la caractérisation de ces personnages est d'une extrême importance : chez Voltaire elle emprunte souvent ses traits à la caricature. La critique est d'autant plus efficace qu'elle est, grâce à l'histoire (et aux mésaventures) de l'Ingénu, une critique en action. Elle ne se fige donc pas en contenu dogmatique mais passe par la dérision, la raillerie, l'ironie, les armes préférées de Voltaire.

LES CIBLES DE LA CRITIQUE

Critique sociale, *L'Ingénu* prend tout d'abord comme cible la province, représentée par les Bas-Bretons dans les premiers chapitres du conte : son esprit borné, ses préjugés, sa difficulté à accepter la différence du Huron et sa propension à croire que tout ce qui est français est parfait. Mlle de Kerkabon, étonnée que l'Ingénu puisse préférer sa langue maternelle, s'exclame : « Est-il possible ? [...] j'avais toujours cru que le français était la plus belle de toutes les langues après le bas-breton. »

Le poids des préjugés s'explique par une dangereuse conception de l'éducation, apprentissage qui « rétrécit les idées » (chap. XVIII) au lieu d'ouvrir l'esprit. La sottise prêtée aux personnages féminins du conte, dans sa première partie, illustre tout le mal que Voltaire pense de l'éducation des filles à son époque et particulièrement de celle dispensée dans les couvents « par des imbéciles qui nous apprennent ce qu'il faut ignorer, et qui nous laissent ignorer ce qu'il faut apprendre » (extrait d'un pamphlet ironiquement intitulé : *Femmes, soyez soumises à vos maris*, 1768).

Cette mauvaise éducation ainsi que l'appétit de pouvoir engendrent la corruption des mœurs dont le séjour à Paris et à Versailles de l'Ingénu et de la Saint-Yves illustre l'étendue. La confusion entre l'intérêt public et l'intérêt privé, l'odieux chantage auquel se livre Saint-Pouange, le crédit dont il bénéficie pourtant, y compris auprès des jésuites qui n'hésitent pas à justifier ses mauvaises actions au nom de Dieu, sont quelques-uns des indices de cette corruption.

À cette maladie sociale s'ajoute l'esprit de secte dénoncé par l'Ingénu dans le quatorzième chapitre lorsqu'il affirme : « Toute secte me paraît le ralliement de l'erreur. »

Frontispice de l'Encyclopédie, gravure de B. L. Prévost, d'après Ch. N. Cochin.

L'esprit de secte, qui se manifeste particulièrement dans les affaires religieuses, est le deuxième objet des critiques de Voltaire. La confusion entre religion et oppression est, en particulier, symbolisée par le couvent où Mlle de Saint-Yves est retenue, « une espèce de prison où l'on tenait les filles renfermées, chose horrible, inconnue chez les Hurons et chez les Anglais » (chap. VI). La persécution des protestants et des jansénistes est également stigmatisée tout au long du conte où elle est présentée comme une erreur politique affaiblissant le royaume en le privant de citoyens utiles (chap. VIII), argument que l'on trouve également exprimé dans le fameux article « Réfugiés » rédigé par Diderot pour *L'Encyclopédie* (1765).

Le combat contre l'« Infâme » passe encore par la dénonciation des pouvoirs du pape (chap. V et VIII) et surtout par la critique des jésuites, de leur puissance occulte qui vaut à l'Ingénu de se retrouver à la Bastille et de leur casuistique prête à couvrir d'un voile hypocrite tous les vices des hommes en place. Le père Tout-à-tous est l'incarnation caricaturale de ces travers, ses « douces paroles » constituant un recueil de la rhétorique des jésuites et des accommodements, incompatibles avec la morale, qu'elle sait introduire dans son discours pour servir les puissants.

Cette confusion des pouvoirs religieux et politique est l'enjeu de la troisième bataille menée par Voltaire dans *L'Ingénu*. La critique de l'arbitraire passe par celle des hommes de pouvoir, depuis le personnage du bailli, potentat local qui mélange en permanence le style de la conversation et celui de l'interrogatoire de police, jusqu'au sous-ministre Saint-Pouange, qui symbolise la perversion du politique par l'intérêt personnel.

Le règne des « coquins raffinés », dénoncé par l'Ingénu (chap. X), est celui de l'injustice. La « lettre de cachet » qui conduit le Huron à la Bastille (chap. X) est le signe d'un pouvoir qui s'exerce par des voies obscures (la délation) et sans référence au droit. « Il n'y a donc point de lois dans ce pays ? » s'indigne l'Ingénu, reprenant ainsi une des principales revendications de la philosophie des Lumières : l'exigence de justice.

LES ARMES DE LA CRITIQUE

L'Ingénu n'est ni un traité de morale ni un recueil de réflexions politiques. Mais une pensée morale et politique, conformément au genre du conte philosophique, apparaît en filigrane, portée par le parcours du héros. Les personnages que l'Ingénu rencontre et affronte, les situations dangereuses auxquelles il est confronté, les obstacles à sa liberté et à son bonheur rendent particulièrement sensibles, concrètes, transparentes, les critiques voltairiennes.

C'est l'Ingénu lui-même, être naturel mais surtout être de raison, qui interroge, conteste et condamne les valeurs, les institutions, les comportements d'une société corrompue et inique. Sa démarche constante est d'abord faite d'étonnement devant les contradictions, les aberrations d'une pensée irrationnelle chez les personnages qu'il rencontre, dans leurs usages ou leur croyance. On voit ainsi, dans les

Voltaire, L'Ingénu, *vignette de S. Sauvage, édition Kieffer, 1922.*

II

LE HURON, NOMMÉ L'INGÉNU, RECONNU DE SES PARENTS.

L'Ingénu, selon sa coutume, s'éveilla avec le soleil, au chant du coq, qu'on appelle en Angleterre et en Huronie *la trompette du jour;* il

premiers chapitres, le Huron opposer méthodiquement l'enseignement de la Bible aux pratiques religieuses des Bas-Bretons. De l'étonnement au raisonnement, du raisonnement à l'indignation : voilà résumées les réactions de l'Ingénu. Il apparaît à la fois comme l'antithèse et comme l'antidote d'une civilisation marquée par l'oppression, l'intolérance et l'hypocrisie. C'est ici que le « bon sauvage » peut déployer toute son efficacité critique en affirmant haut et fort ses propres valeurs : l'exigence de vérité, le goût de la liberté (le premier des droits de la nature, selon Voltaire) et une forme de pureté passionnée (c'est du reste la passion de l'Ingénu qui donne éloquence et force de persuasion à ses critiques).

Voltaire, Zadig, *page de titre, 1748.*

Mais la critique s'exprime aussi par le rire, selon un schéma inséparable du conte voltairien : il suffit de se reporter aux deux premiers portraits brossés par Voltaire dans *L'Ingénu* (chap. premier), ceux du prieur de Kerkabon et de sa sœur, pour en sentir toute l'ironie et en mesurer le pouvoir de corrosion. La peinture de personnages excessifs et dérisoires permet de démasquer dans leur pensée, leur langage et leur conduite l'incohérence, la bêtise et l'appétit de pouvoir.

Comme dans *Zadig* ou dans *Candide*, la réflexion critique, souvent teintée de pessimisme, trouve un remède à son amertume dans l'humour et l'ironie qui réussissent à faire de sujets *a priori* sérieux (la liberté, les relations entre nature et société, la vérité…) l'occasion d'un plaisir intellectuel conjuguant la méditation et le rire. On peut toutefois introduire une réserve en ce qui concerne la composition de *L'Ingénu* : l'approfondissement de la réflexion critique dans le dialogue entre l'Ingénu et Gordon et surtout le final tragique du conte n'ont pas la légèreté caractéristique du conte voltairien. Il semble que l'écrivain ait été tenté d'introduire dans l'un de ses derniers écrits une dimension pathétique, une émotion d'une qualité différente, une sorte d'assombrissement progressif, la fable gagnant en intensité et en gravité ce qu'elle perd en fantaisie. À cet égard, il est significatif que Voltaire ait tenu à rappeler, par la bouche de l'Ingénu, le véritable enjeu de la fiction dans le conte philosophique : « Ah ! s'il nous faut des fables, que ces fables soient du moins l'emblème de la vérité ! J'aime les fables des philosophes, je ris de celles des enfants, et je hais celles des imposteurs » (chap. XI).

L'histoire d'amour dans «L'Ingénu»

L'Ingénu, conte philosophique, conte d'initiation, est aussi une histoire où le sentiment amoureux est à l'origine des actions, des conflits et des prises de conscience. L'amour entre le Huron et Mlle de Saint-Yves permet la rencontre entre nature et civilisation et témoigne du rêve voltairien de leur possible harmonie. Mais cet amour est aussi la victime et le révélateur de rapports sociaux qui rendent le bonheur impossible.

Voltaire, L'Ingénu, gravure de Deny, Londres, 1778.

L'AMOUR COMME ÉLOGE DE LA DIFFÉRENCE

L'Ingénu et la belle Saint-Yves s'aiment pour leur différence, leur nouveauté, et aussi parce qu'il est dans la nature de désirer, ce que rappelle avec force le Huron dans le chapitre VI. La différence de l'Ingénu est d'abord physique : dans deux chapitres (premier et III), Mlle de Saint-Yves cède à sa curiosité en examinant à la dérobée le corps du Huron. Mais cette différence est plus généralement celle du naturel incarné par le Huron. Sa sincérité, en particulier, tranche sur les habitudes des Bas-Bretons et touche la jeune fille par sa vigueur. L'Ingénu, en effet, retire à l'amour ses masques ; il veut en bannir les contraintes, ce qui ne signifie pas qu'il en exclut toute poésie : après avoir déclaré ses sentiments à Mlle de Saint-Yves, « il passa une partie de la nuit à faire des vers en langue huronne pour sa bien-aimée : car il faut savoir qu'il n'y a aucun pays de la terre où l'amour n'ait rendu les amants poètes ! » (chap. V).

Ce que découvre l'Ingénu, de son côté, chez la jeune femme, au-delà de sa beauté, c'est une douceur qui l'étonne et qui contribue à « polir » ce que sa nature a de sauvage. Lorsque l'Ingénu veut l'épouser sans cérémonie, « la belle Bretonne employa toute la délicatesse de son esprit à réduire son Huron aux termes de la bienséance » (chap. V).

Ainsi, non seulement l'amour, dans *L'Ingénu*, naît de la différence, mais il transforme les personnages, les rendant eux-mêmes différents. Cette évolution parallèle de l'Ingénu et de la Saint-Yves les rapproche. Quand l'Ingénu progresse dans la maîtrise de ses instincts, sa bien-aimée fait des progrès dans la lucidité. Alors que le Huron s'éloigne de son caractère initial, ne le retrouvant qu'à l'occasion de quelque violente colère, la belle Saint-Yves acquiert une énergie qu'elle n'avait pas à l'origine et qui la conduit à mettre en jeu son honneur pour délivrer celui qu'elle aime.

La leçon essentielle de cette double métamorphose n'est-elle pas que l'amour, loin de s'opposer à la conscience ou à la vertu, est le catalyseur de la connaissance et de la réflexion morale, ce qu'illustre le parcours de la belle Saint-Yves comme l'apprentissage de l'Ingénu à la Bastille. Cette apologie et cette éducation de la sensibilité sont du reste dans le goût du roman sentimental des années 1760-1770, un genre marqué par l'influence anglaise et par le triomphe de *La Nouvelle Héloïse* de Rousseau (1761).

L'amour est une valeur nouvelle, contagieuse, puisque l'Ingénu, après avoir fait de Gordon « le confident de sa tendresse », lui apprend « à le connaître comme un sentiment aussi noble que tendre » (chap. XIV). Mais l'amour du « bon sauvage » et de la belle Bretonne, par sa nouveauté, va à l'encontre des conventions et des préjugés.

Publicité pour une édition XIXe de La Nouvelle Héloïse *de Rousseau.*

L'AMOUR CONTRE LES CONVENTIONS

La passion des deux héros s'inscrit d'emblée en rupture par rapport aux habitudes. C'est le désir de liberté de l'Ingénu, dans l'amour comme dans toute chose, qui bouleverse les préjugés en cours. Si l'Ingénu accepte d'être baptisé, parce qu'il le sera entre les mains de Mlle de Saint-Yves, sa marraine, il refuse l'interdit qui lui est ensuite présenté lorsqu'il souhaite l'épouser.

Si le conflit entre le désir naturel et les bienséances prend un tour comique (chap. V et VI), il conduit aussi au débat sur la loi naturelle, brigandage naturel aux yeux des Bas-Bretons (chap. VI) mais non pour l'Ingénu qui répond « par la réflexion que les sauvages ont toujours faite : " Vous êtes donc de bien malhonnêtes gens, puisqu'il faut entre vous tant de précautions. " »

Voltaire, L'Ingénu, *page de couverture, édition Kieffer, Paris, 1922.*

La liberté du sentiment est bien la revendication fondamentale que ni les murs du couvent ni ceux de la prison ne peuvent étouffer. À travers ces deux lieux, apparaît symboliquement la tyrannie exercée par les pouvoirs spirituel et temporel sur les consciences et sur les vies, une tyrannie incompatible avec les idéaux de la philosophie des Lumières. À ces obstacles matériels, s'ajoute l'abîme de la corruption, cette forme dégradée de l'amour incarnée par le « roué » Saint-Pouange, dont le libertinage fait ressortir par contraste la sincérité des héros dans leur passion partagée, mais impossible.

LE ROMAN D'UN BONHEUR IMPOSSIBLE

La recherche du bonheur est, dans *L'Ingénu*, la raison d'être et d'agir des personnages, jusqu'à la pieuse Mlle de Kerkabon dont Voltaire peut dire plaisamment : « Elle aimait le plaisir et était dévote » (chap. premier). L'ambition du philosophe consiste précisément, et souvent sur un mode ironique, à révéler chez des êtres, en apparence uniquement préoccupés de leur salut dans l'au-delà, le prix qu'ils attachent à leur existence sur terre et les efforts qu'ils font pour s'y assurer quelque joie. La conclusion du conte qui distribue à chaque personnage un cadeau est très significative à cet égard.

Pourtant la conquête du bonheur se révèle, pour les héros, une entreprise difficile, voire impossible. Aussi, à l'extrême fin de *L'Ingénu*, pastiche des dénouements heureux d'un romanesque conventionnel, il convient d'opposer la véritable conclusion de l'histoire, marquée par la mort de Mlle de Saint-Yves et par le désespoir de son amant.

L'amour apparaît dès lors comme une forme de l'héroïsme que Voltaire a déjà mis en scène dans ses tragédies : un héroïsme de la souffrance et de la conscience.

À droite, lettre de Rousseau répondant à Voltaire à propos de son Discours sur l'origine de l'inégalité parmi les hommes.

**L'Ingénu
chez les Bas-Bretons**

*Progrès de l'esprit de l'Ingénu
(l'exigence de la vérité)*

*Progrès de l'esprit de l'Ingénu
(l'exigence de liberté
et de bonheur)*

L'Ingénu mis en pièces ou trois textes pour cerner un conte

Texte 1

L'Ingénu chez les Bas-Bretons (chap. premier)

L'Ingénu vient de débarquer en Basse-Bretagne. Accueilli par toute « la bonne compagnie du canton », il est interrogé en particulier par un bailli (officier de justice), « le plus grand questionneur de la province », sur son origine, sa langue et ses mœurs.

L'impitoyable bailli, qui ne pouvait réprimer sa fureur de questionner, poussa enfin la curiosité jusqu'à s'informer de quelle religion était monsieur le Huron ; s'il avait choisi la religion anglicane, ou la gallicane, ou la huguenote ? « Je suis de ma religion, dit-il, comme vous de la vôtre. – Hélas ! s'écria la Kerkabon, je vois bien que ces malheureux Anglais n'ont pas seulement songé à le baptiser. – Eh ! mon Dieu, disait mademoiselle de Saint-Yves, comment se peut-il que les Hurons ne soient pas catholiques ? Est-ce que les RR. PP. jésuites ne les ont pas tous convertis ? » L'Ingénu l'assura que dans son pays on ne convertissait personne ; que jamais un vrai Huron n'avait changé d'opinion, et que même il n'y avait point dans sa langue de terme qui signifiât inconstance. Ces derniers mots plurent extrêmement à mademoiselle de Saint-Yves.

« Nous le baptiserons, nous le baptiserons, disait la Kerkabon à monsieur le prieur ; vous en aurez l'honneur, mon cher frère ; je veux absolument être sa marraine : monsieur l'abbé de Saint-Yves le présentera sur les fonts : ce sera une cérémonie bien brillante ; il en sera parlé dans toute la Basse-Bretagne, et cela nous fera un honneur infini. » Toute la compagnie seconda

Sur la technique de lecture méthodique

Toutes les méthodes sont acceptées à l'oral du baccalauréat.
Le candidat optera, à son choix, pour une lecture linéaire (de la première à la dernière phrase, en suivant le fil du texte), une lecture composée (on détermine deux ou trois axes de lecture, et on parcourt à chaque fois la totalité du texte) ou une synthèse des deux, où l'on focalise sur deux ou trois passages expliqués linéairement, auxquels on rattache les autres éléments du texte, en montrant leurs connexions.
La première technique est recommandée pour les textes courts, et souvent pour les textes poétiques.
La seconde convient à des textes dont la thématique est très claire et les intentions stylistiques secondaires.
La troisième sera préférée pour les textes d'une certaine longueur dont on ne peut toutefois négliger le style.
Les remarques de style ne doivent pas constituer un catalogue de procédés déconnecté des enjeux du texte, qui en général ne sont pas purement rhétoriques.

la maîtresse de la maison ; tous les convives criaient :
« Nous le baptiserons ! » L'Ingénu répondit qu'en
Angleterre on laissait vivre les gens à leur fantaisie. Il
témoigna que la proposition ne lui plaisait point du
tout, et que la loi des Hurons valait pour le moins la loi
des Bas-Bretons ; enfin il dit qu'il repartait le lendemain. On acheva de vider sa bouteille d'eau des
Barbades, et chacun s'alla coucher.
 Quand on eut reconduit l'Ingénu dans sa chambre,
mademoiselle de Kerkabon et son amie mademoiselle
de Saint-Yves ne purent se tenir de regarder par le trou
d'une large serrure pour voir comment dormait un
Huron. Elles virent qu'il avait étendu la couverture du
lit sur le plancher, et qu'il reposait dans la plus belle
attitude du monde.*

Important : tout
texte présenté au bac
doit être lu à voix
haute. Cette lecture
doit s'appuyer sur une
analyse exacte, et en
un sens la préfigurer.

Folio, pages 242-243

1. L'« INTERROGATOIRE » DE L'INGÉNU

L'intention manifeste de Voltaire est d'offrir, dans ce
premier chapitre, un contraste comique entre l'étroi-
tesse d'esprit des Bas-Bretons et la noble fierté de
l'Ingénu.

A. Des personnages caricaturaux

Ils sont définis par leur excès. Excès verbal du bailli
traduit par l'hyperbole (« sa fureur de questionner »),
la gradation (« ne pouvait réprimer », « poussa enfin la
curiosité ») renforcée par l'allitération des bila-
biales (« im-p-itoya-b-le b-ailli », « ne p-ouvait
ré-p-rimer », « p-oussa »), la longueur de la première phrase développée grâce aux interrogations du discours indirect.

Voltaire, l'Ingénu,
vignette de S. Sauvage,
édition Kieffer, 1922.

L'excès est aussi celui des sentiments et de la
sottise chez Mlles de Kerkabon et de Saint-Yves.
Excès de l'indignation et de la surprise
(d'apprendre que l'Ingénu n'est pas baptisé)
marqué par les interjections (« Hélas ! »), l'apos-
trophe (« Eh ! mon Dieu »), les modalités exclamative et interrogative. Excès de la naïveté
(« Comment se peut-il que les Hurons ne soient

pas catholiques ? ») exprimé par les généralisations abusives (« ne les ont pas tous convertis ») et par le malentendu sur le mot « inconstance » (confusion entre l'inconstance religieuse et l'inconstance amoureuse).

Ce dernier élément manifeste la difficulté des Bas-Bretons à comprendre la différence du Huron qu'ils tentent d'enfermer dans le cadre de leurs propres valeurs. D'où la question fermée (limitée à trois réponses renvoyant toutes à la religion chrétienne) posée par le bailli à l'Ingénu (« s'il avait choisi la religion anglicane ») et le projet de conversion révélé par les interventions des Basses-Brettes (« baptiser », « catholiques », « jésuites », « convertis »). L'ironie de Voltaire est ici particulièrement efficace : elle consiste, par la caricature, à disqualifier les propos prêtés à ses personnages (sauf l'Ingénu) et, à travers eux, à critiquer les ennemis de la tolérance (en particulier les jésuites).

B. La résistance du Huron

La résistance de l'Ingénu est mise en évidence dans deux réponses à la fois tolérantes et fermes qui le font apparaître comme un être de raison face aux excès précédemment soulignés. Il s'oppose au bailli par la brièveté de sa réplique rapportée au style direct (les questions du bailli l'étaient au style indirect), puis il marque sa différence par une série de propositions négatives rapportées cette fois au style indirect (alors que les propos des Basses-Brettes le sont au style direct). Dans cette dernière réplique, on note une gradation (« et que même il n'y avait point dans sa langue ») et l'utilisation du rythme ternaire qui donne de l'éloquence au discours du Huron.

2. LA FUREUR DE CONVERTIR

Les paroles de Mlle de Kerkabon qui ouvrent le deuxième paragraphe soulignent l'aveuglement (ou la surdité) des Bas-Bretons dans leur fureur de conversion. Tout se passe comme si le Huron n'avait rien opposé à leurs premières questions. Le dialogue apparaît dès lors comme un dialogue de sourds, élément

---

Les discours rapportés

On distingue trois façons de rapporter des propos au sein d'un récit :
– le style direct : le discours est rapporté, en général entre guillemets, tel qu'il a été prononcé ou conçu. Ex.: « Hélas ! s'écria la Kerkabon, je vois bien que ces malheureux Anglais n'ont pas seulement songé à le baptiser. »
– le style indirect : le discours est rapporté sous la forme d'une proposition subordonnée introduite par un verbe de parole ou de pensée. Ex.: « L'Ingénu l'assura que dans son pays on ne convertissait personne. »
– le style indirect libre : les marques de la subordination sont absentes mais on retrouve les marques de la personne, du temps (verbes, adverbes) caractéristiques du style indirect ; on peut également noter certaines marques du langage parlé comme des tours exclamatifs ou interrogatifs. Ex.: « Ses paroles étaient claires. Jamais on ne pourrait l'obliger à se convertir ! »

d'un comique de l'absurde que renforce le projet de présenter l'Ingénu sur les fonts baptismaux, comme s'il s'agissait d'un nouveau-né. Le jeu des répétitions (« Nous le baptiserons, nous le baptiserons ») et de l'exclamation, l'accumulation de propositions brèves, l'amplification par les adverbes (« absolument », « bien brillante ») et par l'hyperbole (« dans toute la Basse-Bretagne », « un honneur infini ») donnent au discours de Mlle de Kerkabon un ton délirant... et convaincant puisque « toute la compagnie et tous les convives » font chorus. L'ironie voltairienne est particulièrement sensible dans la confusion qu'établit le rêve de Mlle de Kerkabon (un rêve tout entier au futur) entre des motivations religieuses et des préoccupations purement sociales : Mlle de Kerkabon semble ici plus animée par un désir de gloire (d'où la répétition du mot « honneur » et l'évocation d'une cérémonie « bien brillante ») que par une authentique ferveur de prosélytisme.

L'opposition du discours indirect au discours direct souligne la résistance du Huron. Celle-ci devient plus vive et s'affirme en trois mouvements principaux qui font référence à trois modèles de liberté : la liberté selon les principes de la monarchie constitutionnelle anglaise (« en Angleterre on laissait vivre les gens à leur fantaisie »), selon « la loi des Hurons » et selon le désir de l'individu (« il dit qu'il repartait le lendemain »). L'affirmation de la tolérance passe par la comparaison : « la loi des Hurons valait pour le moins » [...], qui fait écho à « Je suis de ma religion [...] comme vous de la vôtre. »

3. DE LA NÉGATION À L'ATTRAIT DE LA DIFFÉRENCE

L'ironie de Voltaire ménage une surprise à la fin du premier chapitre. Après avoir tenté d'« intégrer » l'Ingénu dans le giron du christianisme, les Bas-Bretons sont gagnés par les charmes de sa différence. Dans un renversement total, les préoccupations spirituelles s'effacent devant d'autres désirs : les Bas-Bretons aiment boire et si leur hôte refuse le pain bénit, eux ne refusent pas de « vider sa bouteille d'eau

---

L'ironie

L'ironie est une manière de se moquer « en disant le contraire de ce que l'on veut faire entendre ». Elle souligne les contradictions jusqu'à l'absurde et invite à la réflexion et au sourire.

On en trouve dans le chapitre I de *L'Ingénu* quelques procédés :
– l'opposition entre la « fureur de questionner » du bailli et les marques de sa politesse ;
– le décalage entre les illusions de Mlle de Kerkabon (« ces malheureux Anglais n'ont pas seulement songé à le baptiser ») et la réalité (« en Angleterre on laissait vivre les gens à leur fantaisie ») ;
– l'absurdité de la question de Mlle de Saint-Yves : « Comment se peut-il que les Hurons ne soient pas catholiques ? » ;
– le jeu de mots et l'écart entre les deux sens du mot « inconstance » (sens religieux/sens affectif) qui permet de souligner les sentiments de Mlle de Saint-Yves qui s'y trompe ;
– la confrontation dans le même texte d'un discours religieux et d'un discours mondain, d'une intention dévote (baptiser le Huron) et d'un désir profane (le regarder dormir).

des Barbades »! Quant aux demoiselles de Kerkabon et de Saint-Yves, leur fureur de conversion a laissé place à un intérêt qui n'est pas seulement ethnologique (« pour voir comment dormait un Huron ») mais plutôt érotique ! L'Ingénu est le fruit (défendu ?) qu'elles ne peuvent « se tenir de regarder par le trou d'une large serrure ». S'affirme ainsi, à travers le sommeil de l'Ingénu (qui dort en Basse-Bretagne comme il dormait en Huronie) et les désirs de ses hôtes, une liberté naturelle contagieuse puisqu'elle réapparaît même chez les « civilisés ».

On voit, dans ces premières pages du conte, se nouer les relations complexes entre l'homme de nature et une société initialement fermée sur ses préjugés mais capable de s'ouvrir à l'Autre lorsque le désir de bonheur est plus fort que l'intolérance. Deux exigences fondamentales sont affirmées par Voltaire : la liberté de conscience (en matière religieuse en particulier) qu'il défendit dans de très nombreux écrits dont le *Traité sur la tolérance* (1763) et plus largement le droit à la différence.

Texte 2

**Progrès de l'esprit de l'Ingénu
L'exigence de vérité (chap. XIV)**

Enfermé en prison avec Gordon, un vieux prêtre savant et janséniste, l'Ingénu forme son esprit sans accepter toutes les idées de son maître. C'est encore sur le mode de la résistance, mais aussi sur celui de la raison, qu'il affirme sa différence.

> *L'Ingénu faisait des progrès rapides dans les sciences, et surtout dans la science de l'homme. La cause du développement rapide de son esprit était due à son éducation sauvage presque autant qu'à la trempe de son âme : car, n'ayant rien appris dans son enfance, il n'avait point appris de préjugés. Son entendement, n'ayant point été courbé par l'erreur, était demeuré dans toute sa rectitude. Il voyait les choses comme elles*

Voltaire, Traité sur la Tolérance, *1763.*

sont, au lieu que les idées qu'on nous donne dans l'enfance nous les font voir toute notre vie comme elles ne sont point. « Vos persécuteurs sont abominables, disait-il à son ami Gordon. Je vous plains d'être opprimé, mais je vous plains d'être janséniste. Toute secte me paraît le ralliement de l'erreur. Dites-moi s'il y a des sectes en géométrie ? – Non, mon cher enfant, lui dit en soupirant le bon Gordon; tous les hommes sont d'accord sur la vérité quand elle est démontrée, mais ils sont trop partagés sur les vérités obscures. – Dites sur les faussetés obscures. S'il y avait eu une seule vérité cachée dans vos amas d'arguments qu'on ressasse depuis tant de siècles, on l'aurait découverte sans doute; et l'univers aurait été d'accord au moins sur ce point-là. Si cette vérité était nécessaire comme le soleil l'est à la terre, elle serait brillante comme lui. C'est une absurdité, c'est un outrage au genre humain, c'est un attentat contre l'Être infini et suprême de dire : "Il y a une vérité essentielle à l'homme, et Dieu l'a cachée." »

Tout ce que disait ce jeune ignorant, instruit par la nature, faisait une impression profonde sur l'esprit du vieux savant infortuné. « Serait-il bien vrai, s'écria-t-il, que je me fusse rendu malheureux pour des chimères ? Je suis bien plus sûr de mon malheur que de la grâce efficace. J'ai consumé mes jours à raisonner sur la liberté de Dieu et du genre humain; mais j'ai perdu la mienne; ni saint Augustin ni Prosper ne me tireront de l'abîme où je suis. »

L'Ingénu, livré à son caractère, dit enfin : « Voulez-vous que je vous parle avec une confiance hardie ? Ceux qui se font persécuter pour ces vaines disputes de l'école me semblent peu sages; ceux qui persécutent me paraissent des monstres. »

Folio, pages 282-283

> **Varier la formulation au cours de la lecture méthodique**
>
> Les verbes «dire», «montrer» et le banal «insister sur» pourront être remplacés et précisés par : établir, présenter, offrir, illustrer, mettre en évidence, mettre en valeur, souligner, renforcer, confirmer, attester, manifester, signifier, suggérer, révéler, dévoiler, exalter, célébrer, relier, articuler, associer, etc.

1. L'ENTRÉE EN MATIÈRE : LA DESCRIPTION PAR LE NARRATEUR DES PROGRÈS DE L'INGÉNU

À travers le personnage de l'Ingénu, les idées de « progrès » et de « raison » chères à la philosophie des Lumières sont mises en valeur :

– par les expressions « progrès rapides »,
« développement rapide » ;

– par des explications qui font intervenir une
causalité et qui donnent au texte un caractère
didactique : « La cause du développement [...],
était due, car ». Un paradoxe et une opposition
se dessinent. D'une part, l'Ingénu au nom
duquel sont attachées les notions de simplicité,
d'innocence, voire d'ignorance est désormais
associé au progrès du savoir : le glissement des
sciences à la science de l'homme est emblématique de l'humanisme du XVIIIe siècle. D'autre
part, l'« éducation sauvage » de l'Ingénu est distinguée de l'éducation occidentale traditionnelle évoquée par le « nous » du narrateur : « les idées
qu'on nous donne dans l'enfance ». Une série d'antithèses apparaissent : la raison pure de l'Ingénu dans
son ignorance et sa justesse naturelles (« n'ayant rien
appris », « n'ayant point été courbé par l'erreur », « il
voyait les choses comme elles sont ») s'oppose (par les
négations) aux préjugés et aux erreurs de l'éducation
européenne. Le recours à la métaphore (« courbé par
l'erreur »/« toute sa rectitude ») et à la subordonnée
d'opposition (« au lieu que ») renforce les antithèses
qui valorisent l'Ingénu philosophe, être de raison.

*Arrêt de la cour du
parlement interdisant
la publication des*
Lettres Philosophiques
de Voltaire, 1734.

2. LE DIALOGUE DE L'INGÉNU
ET DE GORDON : LE REFUS DE L'ESPRIT
DE SECTE ET DES VÉRITÉS CACHÉES

Le dialogue entre l'Ingénu et Gordon est une illustration des commentaires du narrateur : l'Ingénu
témoigne dans ses propos des progrès de son esprit.
Ceux-ci apparaissent, en particulier, dans l'usage (très
voltairien) qu'il fait du paradoxe : « Je vous plains
d'être opprimé, mais je vous plains d'être janséniste ».

L'Ingénu dépasse la simple critique de l'injustice :
dans une époque de lutte pour la liberté de penser,
l'antithèse persécuteurs/opprimé a une très forte résonance mais elle débouche sur une critique encore plus
radicale, celle de l'esprit de secte. D'où le passage à la
généralisation (« Toute secte me paraît le ralliement de

l'erreur »), l'opposition entre la vérité scientifique indiscutable et les « vérités obscures » de la foi suggérée par l'interrogation rhétorique (« Dites-moi s'il y a des sectes en géométrie ? ») et par la réponse antithétique de Gordon (« tous les hommes sont d'accord/mais ils sont trop partagés »).

C'est la définition de la vérité qui est dès lors en jeu : à la conception janséniste d'un dieu caché et de desseins obscurs de la Providence s'oppose la définition de l'Ingénu d'une vérité à la fois lumineuse et universelle. On notera le renversement « vérités obscures »/« faussetés obscures », la vigueur de la critique antireligieuse à travers les expressions péjoratives (« vos amas d'arguments »), la gradation ternaire (« c'est une absurdité », « c'est un outrage », « c'est un attentat »). L'éloquence du Huron apparaît encore dans la comparaison de la vérité et du soleil et dans l'antithèse « cachée »/« découverte ».

Enfin, la rigueur de sa raison critique est mise en évidence par le recours au raisonnement par l'absurde dans les systèmes hypothétiques : « S'il y avait eu une seule vérité [...] on l'aurait découverte [...]. Si cette vérité était nécessaire [...] elle serait brillante [...] ».

3. LE JEUNE IGNORANT SÈME LE DOUTE DANS L'ESPRIT DU VIEUX SAVANT

L'efficacité du raisonnement de l'Ingénu est soulignée par l'évolution de Gordon : paradoxalement, le vieux savant subit l'influence du jeune ignorant qui remet en cause toutes ses certitudes.

Ses doutes sont exprimés par l'interrogation (« Serait-il bien vrai [...] ? »), l'incise (« s'écriat-il »), le vocabulaire de l'incertitude (« chimères »), la comparaison (« je suis bien plus sûr [...] que de la grâce efficace »), l'opposition (« J'ai consumé mes jours »/« mais j'ai perdu la mienne »), la confrontation du présent et du passé et la négation de l'avenir (« ne me tireront de l'abîme ») que ne peut conjurer l'évocation des pères du jansénisme (« ni saint Augustin ni Prosper »).

La Vérité recherchée par les philosophes, *gravure allégorique du XVIIIe siècle*.

À ces doutes, le Huron oppose sa « confiance hardie » en reprenant le paradoxe qui ouvrait le dialogue avec son vieux maître : « Ceux qui se font persécuter [...] ceux qui persécutent. »

Ces derniers mots servent de transition avec la suite du chapitre où l'Ingénu et Gordon s'entretiennent de la liberté.

Texte 3

Progrès de l'esprit de l'Ingénu. L'exigence de liberté et de bonheur (chap. XIV)

Les deux captifs étaient fort d'accord sur l'injustice de leur captivité. « Je suis cent fois plus à plaindre que vous, disait l'Ingénu ; je suis né libre comme l'air ; j'avais deux vies, la liberté et l'objet de mon amour : on me les ôte. Nous voici tous deux dans les fers, sans en savoir la raison, et sans pouvoir la demander. J'ai vécu Huron vingt ans ; on dit que ce sont des barbares, parce qu'ils se vengent de leurs ennemis ; mais ils n'ont jamais opprimé leurs amis. À peine ai-je mis le pied en France, que j'ai versé mon sang pour elle ; j'ai peut-être sauvé une province, et pour récompense je suis englouti dans ce tombeau des vivants, où je serais mort de rage sans vous. Il n'y a donc point de lois dans ce pays ? On condamne les hommes sans les entendre ! Il n'en est pas ainsi en Angleterre. Ah ! ce n'était pas contre les Anglais que je devais me battre. »
Ainsi sa philosophie naissante ne pouvait dompter la nature outragée dans le premier de ses droits, et laissait un libre cours à sa juste colère.

Son compagnon ne le contredit point. L'absence augmente toujours l'amour qui n'est pas satisfait, et la philosophie ne le diminue pas. Il parlait aussi souvent de sa chère Saint-Yves que de morale et de métaphysique. Plus ses sentiments s'épuraient, et plus il aimait. Il lut quelques romans nouveaux ; il en trouva peu

Voltaire L'Ingénu, vignette de S. Sauvage, édition Kieffer, 1922.

XIV

PROGRÈS DE L'ESPRIT DE L'INGÉNU.

L'Ingénu faisait des progrès rapides dans les sciences et surtout dans la science de l'homme. La cause du développement rapide de son esprit

qui lui peignissent la situation de son âme. Il sentait que son cœur allait toujours au-delà de ce qu'il lisait. « Ah ! disait-il, presque tous ces auteurs-là n'ont que de l'esprit et de l'art. » Enfin le bon prêtre janséniste devenait insensiblement le confident de sa tendresse. Il ne connaissait l'amour auparavant que comme un péché dont on s'accuse en confession. Il apprit à le connaître comme un sentiment aussi noble que tendre, qui peut élever l'âme autant que l'amollir, et produire même quelquefois des vertus. Enfin, pour dernier prodige, un Huron convertissait un janséniste.

Folio, pages 283-284

Après avoir défini la raison et la religion de l'Ingénu dans leur force naturelle (voir texte 2, p. 80), Voltaire complète le portrait (et le progrès) de son héros en en faisant le porte-parole d'une philosophie du droit naturel garantissant la liberté de l'individu. C'est encore à la nature, celle des sentiments, que le discours de l'Ingénu fait référence lorsqu'il fait l'apologie de l'amour.

1. L'INGÉNU PRISONNIER : DE L'INDIGNATION À LA COLÈRE

Le sentiment de l'injustice s'exprime chez l'Ingénu sur le mode de l'indignation : celle-ci est sensible dans l'emploi de la comparaison hyperbolique (« cent fois plus à plaindre ») et le jeu d'oppositions entre le thème de la captivité et celui de la liberté : « libre », « liberté »/« on me les ôte. Nous voici tous deux dans les fers ». L'opposition des images est renforcée par l'écho sonore : « libre comme l'air »/« tous deux dans les fers ». La révolte de l'Ingénu apparaît également dans l'accumulation de propositions brèves en parataxe (juxtaposition de deux propositions sans mot de liaison) créant des ruptures rythmiques (« on me les ôte »), à l'image d'une vie brisée. L'absurdité de la situation des captifs, l'arbitraire de leur détention sont mis en évidence par une double négation : « sans en savoir la raison et sans pouvoir la demander ».

Les différents niveaux d'analyse de la lecture méthodique

Pour donner à la lecture méthodique plus de variété et plus de cohérence, on essaiera d'articuler les niveaux d'analyse autour de l'axe de lecture préalablement déterminé :

1. Niveau lexical: on étudie le sens des mots, la constitution de champs lexicaux, la polysémie, etc.
2. Niveau grammatical : on étudie en particulier la phrase, les effets stylistiques des types de phrase, de l'emploi des temps, des modes, des articulations du discours.
3. Niveau rhétorique : on s'intéresse à la composition du discours, aux figures et aux registres littéraires.
4. Niveau rythmique et prosodique : on observe et on interprète les rythmes et les sons.

Privé de liberté, l'Ingénu affirme son identité en opposant sa culture d'origine (« J'ai vécu Huron vingt ans ») et la civilisation française, le passé et le présent : c'est l'occasion d'opérer un renversement critique entre les termes « barbares » et civilisés. D'où l'antithèse concernant les Hurons : « ils se vengent de leurs ennemis, mais ils n'ont jamais opprimé leurs amis ». La suite du récit de l'Ingénu souligne en revanche l'ingratitude des Français.

Vue de la Bastille, gravure de Rigaud.

Le ton du discours, passant de l'indignation à la colère, devient emphatique. La phrase est en expansion (« j'ai peut-être sauvé une province [...] et pour récompense [...] », etc.). Les hyperboles se multiplient en suivant une gradation dans le temps (du passé composé au présent) : « J'ai peut-être sauvé une province », « je suis englouti ». Les modalités interrogative et exclamative renforcent l'expressivité du discours de même que les allitérations des consonnes occlusives qui associent les mots « c-on-d-amne sans les en-t-en-d-re », « je d-evais me b-a-tt-re ».

L'opposition entre l'Angleterre et la France est une allusion au système du droit anglais dont le principe, selon Voltaire, est celui d'une « liberté sage » (*Lettres philosophiques*, VIII) à cent lieues de l'arbitraire de la lettre de cachet (« On condamne les hommes sans les entendre »). L'intervention du narrateur qui commente le grand morceau d'éloquence de l'Ingénu est très significative en ce qu'elle prend clairement parti en faveur de la liberté comme le droit naturel (« la nature outragée dans le premier de ses droits ») et en ce qu'elle prolonge par ses images la « juste colère » du Huron.

Portrait de Voltaire, gravure d'après le tableau de M. Huber.

2. L'ÉLOGE DE LA PASSION

Condamnée au nom des valeurs chrétiennes ou au nom de la raison, la passion serait (comme l'imagination) la folle qu'il faut chasser du logis. Pourtant le XVIIIᵉ siècle entreprend la réhabilitation du sentiment en ne l'opposant plus systématiquement à la vertu ou à la vérité : il est des vérités que seul le cœur peut ressentir et dont seul il peut porter témoignage à travers un langage particulier, celui de l'émotion.

Dans ce passage, l'exaltation amoureuse de l'Ingénu séparé de la belle Saint-Yves conduit à une apologie de l'amour.

La progression du sentiment est évoquée par des comparaisons et, en particulier, « plus ses sentiments s'épuraient, et plus il aimait ». Elle ressort aussi de l'opposition : « l'absence augmente »/« la philosophie ne le diminue pas ». Elle est exprimée à travers le lexique de l'affectivité : « l'amour », « ses sentiments », « il aimait », « son âme », « son cœur », « sa tendresse », « un sentiment aussi noble que tendre ».

L'évocation de l'amour donne lieu à une réflexion critique sur le romanesque et sa difficulté à être un miroir des sentiments, d'où l'exclamation de l'Ingénu et l'opposition entre le cœur d'une part et l'« esprit » et l'« art » d'autre part. Plus largement, le texte est formé d'un réseau dense d'antithèses qui oppose l'amour tour à tour à la philosophie, à la morale, à la métaphysique, à la littérature. Autant de domaines auxquels la passion échappe quelles que soient leurs tentatives pour la circonscrire.

Voltaire, Lettres philosophiques, *page de titre, édition Lucas, 1734.*

C'est dans les dernières lignes du passage que le triomphe de l'amour est le plus éclatant, dans sa contagion qui fait de Gordon, « bon prêtre » autrefois ennemi par principe de l'amour, le confident de l'Ingénu.

Cette « révolution » morale est soulignée par le passage de l'imparfait (« Il ne connaissait l'amour ») au passé simple (« Il apprit à le connaître »), par l'antithèse (« comme un péché »/« comme un sentiment aussi noble [...] des vertus »), et par le jeu sur les mots « prodige » et « convertir » détournés de leur emploi religieux vers une utilisation toute profane.

L'Ingénu a réussi ce que Candide n'avait pu obtenir de Pangloss : un authentique changement chez son vieux maître, en d'autres termes la reconnaissance par un ennemi de la philosophie des Lumières de quelques-unes de ses avancées fondamentales. Dans ce nouveau renversement des rôles entre le « bon prêtre » et le Huron s'affirment ainsi non seulement les progrès de l'esprit de l'Ingénu mais la force des valeurs dont il est porteur : celle de la sensibilité aussi bien que celle de la liberté.

À droite, lettre de Rousseau à Voltaire, 30 janvier 1750.

Voltaire, L'Ingénu, *gravure de Delignon d'après Moreau Le Jeune, 1786.*

N° 6218

J. Jacques Rousseau

Monsieur

M. Rousseau se déclara autrefois vôtre Ennemi de peur de se reconnoî[tre] vôtre inférieur. Un autre Rousseau ne pouvant approcher du prémier p[ar] le génie veut imiter ses mauvais procédés. Je porte le même nom qu'eux, ma[is] n'ayant ni les talens de l'un, ni la suffisance de l'autre, je suis encore moins capable d'avoir leurs torts envers vous : Je consens bien de vivre inconnu, mais non deshonoré, et je croirois l'être si j'avois manqué a[u] respect que vous doivent tous les Gens de Lettres, et qu'ont pour vou[s] tous ceux qui en méritent.

Je ne veux point m'ét[endre] vous, la Loy que je me suis Mais, Monsieur, je prendrai d'un homme de bien en le d'arrogance la bonté et l'h Sujet des Fêtes de Ramire m'honorâtes dans cette oc

Robinson et Vendredi

**Discours sur l'origine
et les fondements de l'inégalité
parmi les hommes**

**Supplément au voyage
de Bougainville**

Atala

Cinq œuvres majeures

DEFOE-TOURNIER : ROBINSON ET VENDREDI

Le 31 janvier 1709, les marins d'un navire de guerre anglais, le *Duke*, découvrent, sur une île de l'archipel Juan Fernandez dans le Pacifique, un inconnu vêtu de peaux de chèvre. L'homme s'appelle Alexandre Selkirk et a été abandonné, à la suite d'un différend avec le commandant de son navire, sur cette île déserte où il a survécu pendant quatre ans et demi.

Pauvre Robinson, *dessin du XVIIIᵉ siècle.*

S'emparant de cette histoire, l'écrivain anglais Daniel Defoe crée le personnage de Robinson Crusoé (1719), imagine sa rencontre avec un Indien, Vendredi, et donne naissance à un mythe extraordinairement populaire si l'on en juge par les innombrables versions et imitations de cette œuvre dans le monde entier.

C'est au « bon sauvage », à Vendredi, que Michel Tournier, en 1967, accorde la première place lorsqu'il reprend le mythe créé par Defoe dans un roman intitulé de manière significative *Vendredi ou les Limbes du Pacifique*.

Dans son livre *Le Vent Paraclet*, Tournier s'explique sur cette métamorphose des relations entre Robinson et Vendredi :

« Il est évident que la rencontre Robinson-Vendredi a pris depuis quelques décennies une signification que le cher Daniel Defoe était à cent mille lieues de pouvoir soupçonner.

Relisant son roman, je ne pouvais en effet oublier mes années d'études au musée de l'Homme. Là j'avais appris qu'il n'y a pas de "sauvages", mais seulement des hommes relevant d'une civilisation différente de la nôtre et que nous avions grand intérêt à étudier. L'attitude de Robinson à l'égard de Vendredi manifestait le racisme le plus ingénu et une méconnaissance de son propre intérêt. Car pour vivre sur une île du Pacifique ne vaut-il pas mieux se mettre à l'école d'un indigène rompu à toutes les techniques adaptées à ce milieu particulier que de s'acharner à

plaquer sur elle un mode de vie purement anglais ?
Est-ce à dire que nous tentons de redonner vie au
mythe du "bon sauvage" de Jean-Jacques Rousseau ?
Moins qu'il n'y paraît. Car Rousseau en un siècle de
vastes voyages de découvertes se souciait d'explorations et de découvertes comme d'une guigne. Son
"bon sauvage" n'était qu'un point de vue abstrait sur
notre société en accusation, tout comme le Persan de
Montesquieu. Toutes les vertus qu'il prête aux "sauvages" ne sont que l'envers des vices qu'il reproche
aux "civilisés". Et lorsqu'il fait l'éloge du *Robinson
Crusoé* de Daniel Defoe comme du seul roman qu'il
fera lire à Émile pour son édification et son amuse-
ment, il exclut expressément la présence de
Vendredi, début de la société et de l'esclavage
domestique. "Dépêchons-nous d'établir Émile dans
cette île tandis qu'il y borne sa félicité, car le jour
approche où, s'il y veut vivre encore, il n'y voudra
plus vivre seul, et où Vendredi qui maintenant ne le
touche guère, ne lui suffira pas longtemps." Seul
l'intéresse Robinson, héros industrieux, à la fois sobre
et ingénieux, capable de pourvoir lui-même à tous ses
besoins sans l'aide de la société. Mais Rousseau ne
paraît pas voir que Robinson détruit son île déserte
en y reconstituant un embryon de civilisation, comme
il pervertit Vendredi en le ravalant au rôle de domestique. Et surtout il lui dénie toute invention, toute
créativité en ne lui accordant que des petits métiers
hérités de son Angleterre natale.

On ne saurait dire cependant que *Vendredi ou les
Limbes du Pacifique* soit un roman véritablement
ethnographique. Ce roman ethnographique reste à écrire. Son véritable
sujet – passionnant et enrichissant n'en
doutons pas – serait la confrontation et
la fusion de deux civilisations observées comme en bocal – l'île déserte –
grâce à deux porteurs-témoins.
Robinson est un Anglais du début du
XVIIIe siècle issu d'une certaine classe
sociale. Vendredi est un Araucanien –
un Indien du Chili – de la même
époque. Ces deux civilisations étant

Daniel Defoe, Robinson Crusoé, *page de titre, édition anglaise, 1719.*

données d'entrée de jeu dans tous leurs détails – économie, justice, littérature, peinture, religion, etc. – il s'agirait d'observer leur rencontre, leur lutte, leur fusion et l'ébauche d'une civilisation nouvelle qui sortirait de cette synthèse. Daniel Defoe n'a pas abordé ce sujet puisque dans son optique Robinson détient seul *la* civilisation, et qu'il en écrase Vendredi. Mon propos plus proprement philosophique allait dans un sens tout différent. Ce n'était pas le mariage de deux civilisations à un stade donné de leur évolution qui m'intéressait, mais la destruction de toute trace de civilisation chez un homme soumis à l'œuvre décapante d'une solitude inhumaine, la mise à nu des fondements de l'être et de la vie, puis sur cette table rase la création d'un monde nouveau sous forme d'essais, de coups de sonde, de découvertes, d'évidences et d'extases. Vendredi – encore plus vierge de civilisation que Robinson après sa cure de solitude – sert à la fois de guide et d'accoucheur à l'homme nouveau. Ainsi donc mon roman se veut inventif et prospectif, alors que celui de Defoe, purement rétrospectif, se borne à décrire la restauration de la civilisation perdue avec les moyens du bord. »

Michel Tournier, *Le Vent Paraclet*, chap. IV,
Gallimard, 1977

*Robinson Crusoé,
illustration de Grandville,
XIXe siècle.*

*Frontispice du Discours
sur l'origine et les
fondements de l'inégalité
parmi les hommes,
édition de 1755.*

JEAN-JACQUES ROUSSEAU, *DISCOURS SUR L'ORIGINE ET LES FONDEMENTS DE L'INÉGALITÉ PARMI LES HOMMES* (1755)

En 1750, par le *Discours sur les sciences et les arts*, Jean-Jacques Rousseau a conquis la notoriété non seulement en emportant le premier prix de l'académie de Dijon mais en se démarquant des philosophes des Lumières : au lieu de célébrer comme eux le progrès des sciences et des arts, il s'y livre à la critique d'une civilisation qui lui semble entrer en décadence en s'éloignant de la nature primitive d'« hommes innocents et vertueux ».

Cinq ans plus tard, dans le *Discours sur l'origine et les fondements de l'inégalité parmi les hommes*,

DISCOURS

SUR L'ORIGINE ET LES FONDEMENS
DE L'INEGALITE PARMI LES HOMMES.

Par JEAN JAQUES ROUSSEAU
CITOYEN DE GENÈVE.

Non in depravatis, sed in his quæ bene secundum naturam se habent, considerandum est quid sit naturale. ARISTOT. Politic. L. 2.

A AMSTERDAM,
Chez MARC MICHEL REY.
MDCCLV.

Rousseau reprend cette idée d'une « dénaturation » en décrivant les différentes étapes menant l'homme d'un état primitif à la civilisation. Dans la première partie du *Discours sur l'origine*, Rousseau construit l'hypothèse d'un « état de nature », une fiction, une utopie qui n'a pas d'existence historique mais qui constitue l'idéal à partir duquel on peut juger l'homme et la société du présent. On reprocha beaucoup au philosophe d'avoir inventé un homme naturel, étranger à la société et proche de l'animalité, alors que l'objectif de Rousseau était, selon ses propres termes, de « démêler ce qu'il y a d'originaire et d'artificiel dans la nature actuelle de l'homme ». Entre l'état de pure nature et l'état civilisé, il évoque un état sauvage intermédiaire où les hommes durent être heureux.

Éloge de Rousseau, XVIIIᵉ siècle.

Dans la deuxième partie du *Discours sur l'origine* consacrée aux grandes évolutions des sociétés humaines, Rousseau décrit l'origine de l'inégalité à partir de l'instauration de la propriété par les hommes devenus des êtres de raison mais aussi d'orgueil, vivant désormais en communauté et détruisant l'équilibre naturel entre désir et besoin par leur aspiration au superflu et à la puissance qui conduit à la rivalité, à la violence et à la guerre.

Il ne s'agit pas pour Rousseau, dans le *Discours sur l'origine et les fondements de l'inégalité parmi les hommes*, d'affirmer une nostalgie pour un état de nature dont il sait qu'il est désormais hors de portée pour l'homme civil, l'homme d'une histoire faite de perfectionnements et d'aliénations. Son ambition est autre : imaginer une société où les hommes ne renoncent à la liberté naturelle que pour s'unir en une communauté fondée sur un pacte qui garantit son harmonie. Ce sera l'objet du *Contrat social* (1762).

Dans *Tristes Tropiques*, l'ethnologue Claude Lévi-Strauss éclaire la signification que nous pouvons donner aujourd'hui à l'œuvre de Rousseau et à sa réflexion sur l'homme sauvage et l'homme civilisé :

« Jamais Rousseau n'a commis l'erreur de Diderot qui consiste à idéaliser l'homme naturel. Il ne risque pas de mêler l'état de nature et l'état de société ; il sait que ce dernier est inhérent à l'homme, mais il entraîne des maux : la seule question est de savoir si ces maux sont eux-mêmes inhérents à l'état. Derrière les abus et les crimes, on recherchera donc la base inébranlable de la société humaine.

À cette quête, la comparaison ethnographique contribue de deux manières. Elle montre que cette base ne saurait être trouvée dans notre civilisation : de toutes les sociétés observées, c'est sans doute celle qui s'en éloigne le plus. D'autre part, en dégageant les caractères communs à la majorité des sociétés humaines, elle aide à constituer un type qu'aucune ne reproduit fidèlement, mais qui précise la direction où l'investigation doit s'orienter. Rousseau pensait que le genre de vie que nous appelons aujourd'hui néolithique en offre l'image expérimentale la plus proche. On peut être ou non d'accord avec lui. Je suis assez porté à croire qu'il avait raison. [...]

L'étude de ces sauvages apporte autre chose que la révélation d'un état de nature utopique, ou la découverte de la société parfaite au cœur des forêts ; elle nous aide à bâtir un modèle théorique de la société humaine, qui ne correspond à aucune réalité observable, mais à l'aide duquel nous parviendrons à démêler "ce qu'il y a d'originaire et d'artificiel dans la nature actuelle de l'homme et à bien connaître un état qui n'existe plus, qui peut-être n'a point existé, qui probablement n'existera jamais, et dont il est pourtant nécessaire d'avoir des notions justes pour bien juger de notre état présent". J'ai déjà cité cette formule pour dégager le sens de mon enquête chez les Nambikwara ; car la pensée de Rousseau, toujours en avance sur son temps, ne dissocie pas la sociologie théorique de l'enquête au laboratoire ou sur le terrain, dont il a compris le besoin. L'homme naturel n'est ni antérieur, ni extérieur à la société. Il nous appartient de retrouver sa forme, immanente à l'état social hors duquel la condition humaine est inconcevable ; donc, de tracer le programme des expériences qui "seraient nécessaires pour parvenir à connaître l'homme naturel" et de déterminer "les moyens de faire ces expériences au sein de la société".

Mais ce modèle – c'est la solution de Rousseau – est éternel et universel. Les autres sociétés ne sont peut-être pas meilleures que la nôtre ; même si nous

Habitant du pays des Amazones, gravure du XVIIIᵉ siècle.

sommes enclins à le croire, nous n'avons à notre disposition aucune méthode pour le prouver. À les
mieux connaître, nous gagnons pourtant un moyen de
nous détacher de la nôtre, non point que celle-ci soit
absolument ou seule mauvaise, mais parce que c'est
la seule dont nous devions nous affranchir : nous le
sommes par état des autres. Nous nous mettons ainsi
en mesure d'aborder la deuxième étape qui consiste,
sans rien retenir d'aucune société, à les utiliser toutes
pour dégager ces principes de la vie sociale qu'il nous
sera possible d'appliquer à la réforme de nos propres
mœurs, et non de celles des sociétés étrangères : en
raison d'un privilège inverse du précédent, c'est la
société seule à laquelle nous appartenons que nous
sommes en position de transformer sans risquer de la
détruire ; car ces changements viennent aussi d'elle,
que nous y introduisons. »

*Portrait de Claude
Lévi-Strauss, par
Cartier-Bresson.*

Claude Lévi-Strauss, *Tristes Tropiques*
(chap. XXXVIII), Plon, 1955

DENIS DIDEROT, *SUPPLÉMENT AU VOYAGE DE BOUGAINVILLE* (1772)

Entre 1766 et 1769, le navigateur Louis-Antoine de
Bougainville accomplit sur le navire *La-Boudeuse* un
tour du monde qui fait découvrir à la France le
Pacifique et en particulier Tahiti. De retour à Paris,
Bougainville reçut un accueil triomphal d'autant que le
Tahitien Aotouru qu'il ramenait avec lui éveillait la
curiosité des passionnés du mythe naturel.

Portrait de Diderot.

En 1771, parut le *Voyage autour du monde* dans
lequel Bougainville avait consigné ses observations.
Diderot trouva dans ce récit une source de réflexion
sur les problèmes de la colonisation, sur la question de
la liberté et sur la définition d'une nouvelle morale.
Dans son *Supplément au voyage de Bougainville*
(1772), il en profita pour développer une critique des
institutions de la société occidentale, comme le
mariage, qui entravent, selon lui, la liberté naturelle. Il
y oppose l'union libre des Tahitiens dans laquelle il voit
une condition du bonheur. En faisant dialoguer
Français et indigènes, il entend montrer la relativité
des coutumes et des jugements moraux.

CHATEAUBRIAND, *ATALA* (1801)

À droite, page manuscrite de l'Émile, Rousseau.

En 1801, lorsqu'il publie *Atala*, Chateaubriand est encore un inconnu. « C'est de la publication d'*Atala* que date le bruit que j'ai fait dans ce monde », écrit-il dans les *Mémoires d'outre-tombe*. Ce récit est un épisode de l'histoire des Natchez, une tribu indienne de Louisiane massacrée par les Français en 1727.

Dans *Atala ou les amours de deux sauvages dans le désert,* Chateaubriand accomplit un rêve de jeunesse : décrire les mœurs des sauvages et une nature exotique que son voyage en Amérique lui a permis de découvrir. Dans cette « contrée que les habitants des États-Unis appellent le "Nouvel Éden" », Chactas, un vieil Indien, raconte à René, un jeune Français, son histoire. Dans sa jeunesse, Chactas, fait prisonnier et condamné à mort, a été délivré par Atala, une jeune fille chrétienne qui l'aime. Après avoir erré dans la forêt, les fuyards sont recueillis par un missionnaire, le père Aubry. Déchirée entre son amour et son vœu de se consacrer à Dieu, Atala met fin à ses jours en laissant Chactas, avec lequel elle devait se marier, dans le désespoir.

La poésie des déserts du Nouveau Monde jointe à l'évocation des tourments de la passion devait avoir un retentissement considérable sur la sensibilité de la première génération romantique.

Tout en s'inscrivant dans la perspective ouverte par Rousseau d'une exaltation de la nature, Chateaubriand s'en distingue à la fois par son objectif et par l'évolution de l'homme sauvage. D'une part, *Atala* veut affirmer les « beautés de la religion chrétienne » (sous-titre du *Génie du christianisme*, 1802) à travers le sacrifice de son héroïne ; d'autre part, les relations entre sauvages et civilisés y sont ambiguës : si Chactas subit la loi des colons blancs, il est initié à la vertu par un « saint ermite », le père Aubry, et finalement converti. Ainsi la religion des « Blancs » atténue ce qu'a de violent le processus de « civilisation » des « bons sauvages ». Pourtant l'extermination des Natchez rappelle la difficulté de concilier monde sauvage et monde civilisé.

Atala et Chactas traversant le fleuve sur un radeau, Chateaubriand, Atala.

ou
de l'éducation.

Livre II

Quand les enfans commencent à parler, ils pleurent moins. Ce progrès est naturel; un langage est substitué à l'autre. Sitôt qu'ils peuvent dire qu'ils souffrent avec des paroles, pourquoi le diroient-ils avec des cris, si ce n'est quand la douleur est trop vive pour que la parole puisse l'exprimer ? S'ils continuent alors à pleurer, c'est la faute des gens qui sont autour d'eux. Dès qu'une fois Emile aura dit, j'ai mal, il faudra des douleurs bien vives pour le forcer de pleurer.

Si l'enfant est délicat, sensible; que naturellement il ...
rendant ses cris ...
taris bientôt la ...
vais point à lui ...
tu. Bientôt sa ...
de se taire, ou ...
cri. C'est par l'é...
enfans jugent ...
d'autre convention ...
qu'un enfant se fasse il est très rare qu'il
pleure quand il est seul ... à moins qu'il n'ait

Sauvages et civilisés

Plusieurs aspects des relations entre sauvages et civilisés ont été décrits dans le « Petit dictionnaire du "Bon sauvage" ». On se reportera en particulier à l'entrée « Civilisation-Nature » (p. 31) mais également à celle consacrée à la définition du « Barbare » (p. 28). Le quatorzième chapitre de *L'Ingénu* (étudié p. 80) offrira également des pistes de réflexion intéressantes sur ce thème.

L'ÉLOGE DE LA VIE SAUVAGE

Le point de départ de ce parcours thématique pourrait être l'éloge par Montaigne dans les *Essais* (livre I, chap. XXXI) des « Cannibales », en l'occurrence des indigènes du Brésil, sur lesquels il a recueilli le témoignage de voyageurs de l'expédition de Villegagnon (1557). Plusieurs caractères essentiels du mythe du « bon sauvage » peuvent être dégagés : la « naïveté » des sauvages qui surpasse celle de l'« âge doré », l'antinomie entre leur civilisation et la nôtre (soulignée par de très nombreuses négations), l'émerveillement devant la

Montaigne, Essais, *page de titre, 1608.*

différence, la simplicité, la noblesse de leurs usages, l'harmonie qui semble régner au sein de leur société, l'origine naturelle de leur manière de vivre, de leurs activités et du rythme de leurs journées.

« Ces nations me semblent donc ainsi barbares, pour avoir reçu fort peu de façon[1] de l'esprit humain, et être encore fort voisines de leur naïveté[2] originelle. Les lois naturelles leur commandent encore, fort peu abâtardies par les nôtres : mais c'est en telle pureté, qu'il me prend quelquefois déplaisir dequoi la connaissance n'en soit venue plus tôt, du temps qu'il y avait des hommes qui en eussent su mieux juger que nous... Il me déplaît que Lycurgus[3] et Platon ne l'aient eue ; car il me semble que ce que nous voyons par expérience en ces nations-là, surpasse non seulement toutes les peintures de quoi la poésie a embelli l'âge doré[4], et toutes ses inventions à feindre[5] une heureuse condition d'hommes, mais encore la conception et le désir même de la philosophie. Ils n'ont pu imaginer une naïveté si pure et simple, comme nous la voyons par expérience ; ni n'ont pu croire que notre société se peut maintenir avec si peu d'artifice et de soudure[6] humaine. C'est une nation, dirais-je à Platon, en laquelle il n'y a aucune espèce de trafique[7] ; de supériorité politique ; nul usage de service[8], de richesse ou de pauvreté ; nuls contrats ; nulles successions ; nuls partages ; nulles occupations qu'oisives ; nul respect de parenté que commun ; nuls vêtements ; nulle agriculture ; nul métal ; nul usage de vin ou de blé. Les paroles mêmes qui signifient le mensonge, la trahison, la dissimulation, l'avarice, l'envie, la détraction[9], le pardon, inouïes[10]. Combien trouverait-il la république qu'il a imaginée, éloignée de cette perfection [...].

Au demeurant, ils vivent en une contrée de pays très plaisante et bien tempérée ; de façon qu'à ce que m'ont dit mes témoins, il est rare d'y voir un homme malade ; et m'ont assuré n'en y avoir vu aucun tremblant, chassieux[11], édenté, ou courbé de vieillesse. Ils sont assis[12] le long de la mer, et fermés du côté de la terre de grandes et hautes montagnes, ayant, entre-deux, cent lieues ou environ d'étendue en large. Ils ont une grande abondance de poisson et de chairs qui n'ont aucune ressemblance aux nôtres, et les mangent sans autre artifice que de les cuire. Le premier qui y mena un cheval, quoi qu'il les eût pratiqués à plusieurs autres voyages, leur fit tant d'horreur en cette assiette[13], qu'ils le tuèrent à coups de traits[14], avant que le pouvoir reconnaître. Leurs bâtiments sont fort longs, et capables de[15] deux ou trois cents âmes, étoffés d'écorce de grands arbres, tenant à terre par un bout et se soutenant et appuyant l'un contre l'autre par le faîte, à la mode d'aucunes de nos granges, desquelles la couverture pend jusques à terre, et sert de flanc. Ils ont du bois si dur qu'ils en coupent[16], et en font leurs épées et des grils à cuire leur viande. Leurs

1. Façon : forme complexe.
2. Naïveté : état originel.
3. Lycurgus : législateur de Sparte.
4. L'âge doré : le premier âge heureux de l'humanité selon le poète grec Hésiode.
5. Feindre : présenter de manière fictive.
6. Soudure: liens sociaux établis par des règles.
7 Trafique : échanges commerciaux.
8 Service : servitude.
9 Détraction : dénigrement.
10. Inouïes : jamais entendues parmi eux.
11. Chassieux : infectés, malades.
12. Assis : installés.
13. En cette assiette : monté sur ce cheval.
14. Traits: flèches.
15. Capables de : pouvant loger.
16. Qu'ils en coupent : qu'ils l'utilisent pour couper.

lits sont d'un tissu de coton, suspendus contre le toit, comme ceux de nos navires, à chacun le sien ; car les femmes couchent à part des maris. Ils se lèvent avec le soleil, et mangent soudain, après s'être levés, pour toute la journée ; car ils ne font autre repas que celui-là. Ils ne boivent pas lors, comme Suidas[17] dit de quelques autres peuples d'Orient, qui buvaient hors du manger ; ils boivent à plusieurs fois sur jour[18], et d'autant[19]. Leur breuvage est fait de quelque racine, et est de la couleur de nos vins clairets. Ils ne le boivent que tiède ; ce breuvage ne se conserve que deux ou trois jours ; il a le goût un peu piquant, nullement fumeux[20], salutaire à l'estomac, et laxatif à ceux qui ne l'ont accoutumé : c'est une boisson très agréable à qui y est duit[21]. Au lieu du pain, ils usent d'une certaine matière blanche, comme du coriandre confit. J'en ai tâté : le goût en est doux et un peu fade.

Toute la journée se passe à danser. Les plus jeunes vont à la chasse des bêtes à tout[22] des arcs. Une partie des femmes s'amusent cependant à chauffer leur breuvage, qui est leur principal office. Il y a quelqu'un des vieillards qui, le matin, avant qu'ils se mettent à manger, prêche en commun toute la grangée, en se promenant d'un bout à l'autre, et redisant une même clause[23] à plusieurs fois, jusques à ce qu'il ait achevé le tour (car ce sont bâtiments qui ont bien cent pas de longueur). Il ne leur recommande que deux choses : la vaillance contre les ennemis et l'amitié à leurs femmes. Et ne faillent jamais de remerquer[24] cette obligation, pour leur refrain, que ce sont elles qui leur maintiennent leur boisson tiède et assaisonnée. Il voit en plusieurs lieux, et entre autres chez moi, la forme de leurs lits, de leurs cordons, de leurs épées et bracelets de bois dequoi ils couvrent leurs poignets aux combats, et des grandes cannes, ouvertes par un bout, par le son desquelles ils soutiennent la cadence en leur danser. Ils sont ras par tout, et se font le poil beaucoup plus nettement que nous, sans autre rasoir que de bois ou de pierre. Ils croient les âmes éternelles, et celles qui ont bien mérité des dieux, être logées à l'endroit du ciel où le soleil se lève ; les maudites du côté de l'Occident. »

Montaigne, « Des Cannibales », *Essais*, I, 31, 1595

17. Suidas : auteur byzantin.
18. Sur jour : par jour.
19. D'autant : beaucoup.
20. Fumeux : enivrant.
21. Duit : habitué.
22. À tout : avec.
23. Clause : formule.
24. Remerquer : rappeler.

Gravure extraite des Grands Voyages *de Théodore de Bry :* au Brésil.

L'HOMME CIVILISÉ ET L'HOMME SAUVAGE

L'image de l'homme primitif, doté par la nature de force et de santé, réapparaît chez Jean-Jacques Rousseau, dans le *Discours sur l'origine et les fondements de l'inégalité parmi les hommes* (voir « Autres Œuvres », p. 82). Dans ce texte, Rousseau souligne à la fois ce qui rapproche, au sein d'une même nature, les animaux et les hommes, mais aussi ce qui les distingue. Au plan physique, l'homme sauvage, par sa nudité, son instinct de conservation, sa sensualité grossière, participe de l'« état animal ». En revanche, « par le côté métaphysique et moral », l'homme n'est plus une « machine » entre les mains de la nature : quand l'animal « choisit et rejette par instinct », l'homme agit « par un acte de liberté ». Cette liberté, qui définit l'homme et qui fait de la condition de l'homme sauvage le contraire de celle de l'homme « domestique » (civilisé), est aussi ce qui peut le conduire à dégénérer « parce que l'esprit déprave les sens, et que la volonté parle encore, quand la nature se tait ».

« Gardons-nous donc de confondre l'homme sauvage avec les hommes, que nous avons sous les yeux. La nature traite tous les animaux abandonnés à ses soins avec une prédilection, qui semble montrer combien elle est jalouse de ce droit. Le cheval, le chat, le taureau, l'âne même ont la plupart une taille plus haute, tous une constitution plus robuste, plus de vigueur, de force, et de courage dans les forêts que dans nos maisons ; ils perdent la moitié de ces avantages en devenant domestiques, et l'on dirait que tous nos soins à bien traiter et nourrir ces animaux n'aboutissent qu'à les abâtardir. Il en est ainsi de l'homme même : en devenant sociable et esclave, il devient faible, craintif, rampant, et sa manière de vivre molle et efféminée achève d'énerver à la fois sa force et son courage. Ajoutons qu'entre les conditions sauvage et domestique la différence d'homme à homme doit être plus grande encore que celle de bête à bête ; car l'animal et l'homme ayant été traités également par la nature, toutes les commodités que l'homme se donne de plus

Le commerce des épices.

qu'aux animaux qu'il apprivoise sont autant de causes particulières qui le font dégénérer plus sensiblement.

Ce n'est donc pas un si grand malheur à ces premiers hommes, ni surtout un si grand obstacle à leur conservation, que la nudité, le défaut d'habitation, et la privation de toutes ces inutilités, que nous croyons si nécessaires. S'ils n'ont pas la peau velue, ils n'en ont aucun besoin dans les pays chauds, et ils savent bientôt, dans les pays froids, s'approprier celles des bêtes qu'ils ont vaincues ; s'ils n'ont que deux pieds pour courir, ils ont deux bras pour pourvoir à leur défense et à leurs besoins ; leur enfants marchent peut-être tard et avec peine, mais les mères les portent avec facilité ; avantage qui manque aux autres espèces, où la mère, étant poursuivie, se voit contrainte d'abandonner ses petits, ou de régler son pas sur le leur. Enfin, à moins de supposer ces concours singuliers et fortuits de circonstances, dont je parlerai dans la suite, et qui pouvaient fort bien ne jamais arriver, il est clair en tout état de cause que le premier qui se fit des habits ou un logement se donna en cela des choses peu nécessaires, puisqu'il s'en était passé jusqu'alors, et qu'on ne voit pas pourquoi il n'eût pu supporter, homme fait, un genre de vie qu'il supportait dès son enfance.

Seul, oisif, et toujours voisin du danger, l'homme sauvage doit aimer à dormir, et avoir le sommeil léger comme les animaux, qui, pensant peu, dorment, pour ainsi dire, tout le temps qu'ils ne pensent point. Sa propre conservation faisant presque son unique soin, ses facultés les plus exercées doivent être celles qui ont pour objet principal l'attaque et la défense, soit pour subjuguer sa proie, soit pour se garantir d'être celle d'un autre animal : au contraire, les organes qui ne se perfectionnent que par la mollesse et la sensualité doivent rester dans un état de grossièreté, qui exclut en lui toute espèce de délicatesse ; et ses sens se trouvant partagés sur ce point, il aura le toucher et le goût d'une rudesse extrême ; la vue, l'ouïe et l'odorat de la plus grande subtilité. Tel est l'état animal en général, et c'est aussi, selon le rapport des voyageurs, celui de la plupart des peuples sauvages. Ainsi il ne

Guerrier renard, Canada, XVIIIᵉ siècle.

faut point s'étonner, que les Hottentots du cap de Bonne-Espérance découvrent, à la simple vue des vaisseaux en haute mer, d'aussi loin que les Hollandais avec des lunettes, ni que les sauvages de l'Amérique sentissent les Espagnols à la piste, comme auraient pu faire les meilleurs chiens, ni que toutes ces nations barbares supportent sans peine leur nudité, aiguisent leur goût à force de piment, et boivent des liqueurs européennes comme de l'eau.

Je n'ai considéré jusqu'ici que l'homme physique. Tâchons de le regarder maintenant par le côté métaphysique et moral.

Je ne vois dans tout animal qu'une machine ingénieuse, à qui la nature a donné des sens pour se remonter elle-même, et pour se garantir, jusqu'à un certain point, de tout ce qui tend à la détruire, ou à la déranger. J'aperçois précisément les mêmes choses dans la machine humaine, avec cette différence que la nature seule fait tout dans les opérations de la bête, au lieu que l'homme concourt aux siennes, en qualité d'agent libre. L'un choisit ou rejette par instinct, et l'autre par un acte de liberté ; ce qui fait que la bête ne peut s'écarter de la règle qui lui est prescrite, même quand il lui serait avantageux de le faire, et que l'homme s'en écarte souvent à son préjudice. C'est ainsi qu'un pigeon mourrait de faim près d'un bassin rempli des meilleures viandes, et un chat sur des tas de fruits, ou de grain, quoique l'un et l'autre pût très bien se nourrir de l'aliment qu'il dédaigne, s'il s'était avisé d'en essayer. C'est ainsi que les hommes dissolus se livrent à des excès, qui leur causent la fièvre et la mort ; parce que l'esprit déprave les sens, et que la volonté parle encore, quand la nature se tait.

Rousseau, *Discours sur l'origine et les fondements de l'inégalité parmi les hommes*, I, 1755

UN VIEUX TAHITIEN PARLE

L'éloge de la vie sauvage trouve en Diderot un ardent porte-parole dans le *Supplément au voyage de Bougainville* (voir « Autres Œuvres », p. 95). Mais en faisant parler un vieux Tahitien, le philosophe déve-loppe également une critique vigoureuse des ambitions colonisatrices des « civilisés », « hommes ambitieux et méchants » dont la violence est opposée à l'innocence heureuse de ceux qui suivent « le pur instinct de la nature ». La réflexion sur l'homme sauvage se trans-forme en méditation politique et morale sur la liberté et sur l'esclavage, sur le nécessaire et sur le superflu.

Raynal, Histoire philosophique et politique des établissements et du commerce des Européens dans les deux Indes, *Genève, 1775.*

« C'est un vieillard qui parle. Il était père d'une famille nombreuse. À l'arrivée des Européens, il laissa tomber des regards de dédain sur eux, sans mar-quer ni étonnement, ni frayeur, ni curiosité. Ils l'abor-dèrent ; il leur tourna le dos et se retira dans sa cabane. Son silence et son souci ne décelaient que trop sa pensée : il gémissait en lui-même sur les beaux jours de son pays éclipsés. Au départ de Bougainville, lorsque les habitants accouraient en foule sur le rivage, s'attachaient à ses vêtements, serraient ses camarades entre leurs bras, et pleuraient, ce vieillard s'avança d'un air sévère, et dit :

"Pleurez, malheureux Tahitiens ! pleurez ; mais que ce soit de l'arrivée, et non du départ de ces hommes ambitieux et méchants : un jour, vous les connaîtrez mieux. Un jour, ils reviendront, le morceau de bois que vous voyez attaché à la ceinture de celui-ci, dans une main, et le fer qui pend au côté de celui-là, dans l'autre, vous enchaîner, vous égorger, ou vous assu-jettir à leurs extravagances et à leurs vices ; un jour vous servirez sous eux, aussi corrompus, aussi vils, aussi malheureux qu'eux. Mais je me console ; je touche à la fin de ma carrière ; et la calamité que je vous annonce, je ne la verrai point. Ô Tahitiens ! ô mes amis ! vous auriez un moyen d'échapper à un funeste avenir ; mais j'aimerais mieux mourir que de vous en donner le conseil. Qu'ils s'éloignent, et qu'ils vivent."

Puis s'adressant à Bougainville, il ajouta : "Et toi, chef des brigands qui t'obéissent, écarte prompte-ment ton vaisseau de notre rive : nous sommes inno-cents, nous sommes heureux ; et tu ne peux que nuire à notre bonheur. Nous suivons le pur instinct de la nature : et tu as tenté d'effacer de nos âmes son carac-tère. Ici tout est à tous ; et tu nous as prêché je ne sais quelle distinction du *tien* et du *mien*. Nos filles et nos femmes nous sont communes ; tu as partagé ce privilège avec nous ; et tu es venu allumer en elles des fureurs inconnues. Elles sont devenues folles dans tes bras ; tu es devenu féroce entre les leurs. Elles ont commencé à se haïr ; vous vous êtes égorgés pour elles ; et elles nous sont revenues teintes de votre sang. Nous sommes libres ; et voilà que tu as enfoui dans notre terre le titre de notre futur esclavage. Tu n'es ni un dieu, ni un démon : qui es-tu donc, pour faire des esclaves ? Orou ! toi qui entends la langue de ces hommes-là, dis-nous à tous, comme tu me l'as dit à moi, ce qu'ils ont écrit sur cette lame de métal : *Ce pays est à nous.* Ce pays est à toi ! et pourquoi ? parce que tu y as mis le pied ? Si un Tahitien débarquait un jour sur vos côtes, et qu'il gravât sur une de vos pierres ou sur l'écorce d'un de vos arbres : *Ce pays appartient aux habitants de Tahiti*, qu'en penserais-tu ? Tu es le plus fort ! Et qu'est-ce que cela fait ? Lorsqu'on t'a enlevé une des méprisables bagatelles dont ton bâtiment est rempli, tu t'es récrié, tu t'es vengé ; et dans le même instant tu as projeté au fond de ton cœur le vol de toute une contrée ! Tu n'es pas esclave : tu souffrirais la mort plutôt que de l'être, et tu veux nous asservir ! Tu crois donc que le Tahitien ne sait pas défendre sa liberté et mourir ? Celui dont tu veux t'emparer comme de la brute, le Tahitien est ton frère. Vous êtes deux enfants de la nature ; quel droit as-tu sur lui qu'il n'ait pas sur toi ? Tu es venu ; nous sommes-nous jetés sur ta personne ? avons-nous pillé ton vaisseau ? t'avons-nous saisi et exposé aux flèches de nos ennemis ? t'avons-nous associé dans nos champs au travail de nos animaux ? Nous avons respecté notre image en toi. Laisse-nous nos mœurs ; elles sont plus sages et plus honnêtes que les tiennes ; nous ne voulons point troquer ce que tu appelles notre ignorance contre tes inutiles lumières. Tout ce qui nous est nécessaire et bon, nous le possédons. Sommes-nous dignes de mépris, parce que nous n'avons pas su nous faire des besoins superflus ? Lorsque nous avons faim, nous avons de quoi manger ; lorsque nous avons froid, nous avons de quoi nous vêtir.

Raynal, Histoire philosophique et politique des établissements et du commerce des Européens dans les deux Indes, *Genève, 1775.*

Tu es entré dans nos cabanes, qu'y manque-t-il, à ton avis ? Poursuis jusqu'où tu voudras ce que tu appelles les commodités de la vie ; mais permets à des êtres sensés de s'arrêter, lorsqu'ils n'auraient à obtenir, de la continuité de leurs pénibles efforts, que des biens imaginaires. Si tu nous persuades de franchir l'étroite limite du besoin, quand finirons-nous de travailler ? Quand jouirons-nous ? Nous avons rendu la somme de nos fatigues annuelles et journalières la moindre qu'il était possible, parce que rien ne nous paraît préférable au repos. Va dans ta contrée t'agiter, te tourmenter tant que tu voudras ; laisse-nous reposer : ne nous entête ni de tes besoins factices, ni de tes vertus chimériques." »

Diderot, Supplément au voyage de Bougainville (deuxième partie), 1772

Portrait de Rousseau, dessin de Khirkaden.

LES LIMITES DE LA FICTION DU « BON SAUVAGE »

L'étude de *L'Ingénu* a fait apparaître la perspective originale adoptée par Voltaire : sa tentative pour réhabiliter la civilisation lorsqu'elle est synonyme de tolérance et de raison. S'il n'épargne pas ses critiques contre les aliénations de la vie en société (voir *L'Ingénu*, chap. XIV), Voltaire refuse de rejeter celle-ci totalement. Il reproche précisément à Rousseau sa nostalgie d'un état sauvage qui lui paraît contraire au progrès humain. Cette critique qui a tendance à caricaturer les thèses de Rousseau prend un tour virulent dans une lettre adressée par Voltaire à l'auteur du *Discours sur l'origine et les fondements de l'inégalité parmi les hommes*.

« J'ai reçu, Monsieur, votre nouveau livre contre le genre humain ; je vous en remercie. Vous plairez aux hommes, à qui vous dites leurs vérités, mais vous ne les corrigerez pas. Vous peignez avec des couleurs bien vraies les horreurs de la société humaine, dont notre ignorance et notre faiblesse se promettent tant de consolations. On n'a jamais employé tant d'esprit à vouloir nous rendre bêtes ; il prend envie de marcher à quatre pattes, quand on lit votre ouvrage.

Cependant, comme il y a plus de soixante ans que j'en ai perdu l'habitude, je sens malheureusement qu'il m'est impossible de la reprendre, et je laisse cette allure naturelle à ceux qui en sont plus dignes que vous et moi. Je ne peux non plus m'embarquer pour aller trouver les sauvages du Canada : premièrement, parce que les maladies dont je suis accablé me retiennent auprès du plus grand médecin de l'Europe, et que je ne trouverais pas les mêmes secours chez les Missouris ; secondement, parce que la guerre est portée dans ces pays-là, et que les exemples de nos nations ont rendu les sauvages presque aussi méchants que nous. Je me borne à être un sauvage paisible dans la solitude que j'ai choisie auprès de votre patrie, où vous devriez être. »

Signature de Voltaire.

Voltaire, *Lettre à Jean-Jacques Rousseau,*
30 août 1755

« L'HOMME CIVILISÉ RETOMBÉ DANS L'ÉTAT SAUVAGE »

Le regard porté sur l'Autre par Chateaubriand dans ses récits de voyage manifeste une fondamentale hésitation : le « sauvage » est à la fois admiré (en référence à la Nature éternelle dont il est le fruit) et déprécié (par rapport à la civilisation).

La comparaison entre les Arabes et les peuples du Nouveau Monde menée dans son *Itinéraire de Paris à Jérusalem* (1811) est à cet égard très significative. On peut en effet y relever une description de sauvages à mi-chemin entre l'humanité et l'animalité qui conservent, « chez les hordes américaines », une liberté et une violence primitives. Cependant, quels que soient les contrastes relevés entre les déserts de l'Orient et les forêts du Canada, entre l'Arabe et l'Américain, chacun d'eux est jugé par rapport à la même échelle de valeurs qui place à son sommet l'état de civilisation que l'homme ne rejoint qu'en montant ou qu'il abandonne en retombant dans l'état sauvage.

Arabe d'Oran, dessin de Delacroix.

La vision du voyageur qui semble attentive à l'altérité établit pourtant elle-même la distance infranchissable entre deux mondes : celui de l'esthète cultivé nourri de l'héritage des Grecs et des Latins et celui des sauvages qui apparaît comme une dégradation de son idéal. « Il faut les contempler d'un peu loin, se contenter de l'ensemble, et ne pas entrer dans les détails. »

Quand Montaigne fait l'éloge de l'homme sauvage, quand Rousseau, Diderot et même Voltaire en font le héros de leur fiction ou de leur réflexion philosophique, Chateaubriand n'y voit qu'un spectacle pittoresque pour amateurs de lointaines curiosités.

« Les Arabes, partout où je les ai vus, en Judée, en Égypte et même en Barbarie, m'ont paru d'une taille plutôt grande que petite. Leur démarche est fière. Ils sont bien faits et légers. Ils ont la tête ovale, le front haut et arqué, le nez aquilin, les yeux grands et coupés en amandes, le regard humide et singulièrement doux. Rien n'annoncerait chez eux le sauvage, s'ils avaient toujours la bouche fermée ; mais aussitôt qu'ils viennent à parler, on entend une langue bruyante et fortement aspirée ; on aperçoit de longues dents éblouissantes de blancheur, comme celles des chacals et des onces ; différents en cela du Sauvage américain, dont la férocité est dans le regard, et l'expression humaine dans la bouche.

Les femmes arabes ont la taille plus haute en proportion que celle des hommes. Leur port est noble ; et par la régularité de leurs traits, la beauté de leurs formes et la disposition de leurs voiles, elles rappellent un peu les statues des Prêtresses et des Muses. Ceci doit s'entendre avec restriction : ces belles statues sont souvent drapées avec des lambeaux ; l'air de misère, de saleté et de souffrance dégrade ces formes si pures ; un teint cuivré cache la régularité des traits ; en un mot, pour voir ces femmes telles que je viens de les peindre, il faut les contempler d'un peu loin, se contenter de l'ensemble, et ne pas entrer dans les détails. [...]

Ce qui distingue surtout les Arabes des peuples du Nouveau Monde, c'est qu'à travers la rudesse des premiers on sent pourtant quelque chose de délicat dans leurs mœurs : on sent qu'ils sont nés dans cet

ITINÉRAIRE

DE

PARIS A JÉRUSALEM

ET DE

JÉRUSALEM A PARIS,

EN ALLANT PAR LA GRÈCE, ET REVENANT PAR
L'ÉGYPTE, LA BARBARIE ET L'ESPAGNE ;

Par F. A. DE CHATEAUBRIAND.

TOME PREMIER.

PARIS,
LE NORMANT, IMPRIMEUR-LIBRAIRE.
1811.

Chateaubriand, Itinéraire de Paris à Jérusalem, *page de titre, édition de 1811.*

Orient d'où sont sortis tous les arts, toutes les sciences, toutes les religions. Caché aux extrémités de l'Occident, dans un canton détourné de l'univers, le Canadien habite des vallées ombragées par des forêts éternelles, et arrosées par des fleuves immenses ; l'Arabe, pour ainsi dire jeté sur le grand chemin du monde, entre l'Afrique et l'Asie, erre dans les brillantes régions de l'aurore, sur un sol sans arbres et sans eau. Il faut, parmi les tribus des descendants d'Ismaël, des maîtres, des serviteurs, des animaux domestiques, une liberté soumise à des lois. Chez les hordes américaines, l'homme est encore tout seul avec sa fière et cruelle indépendance : au lieu de la couverture de laine, il a la peau d'ours ; au lieu de la lance, la flèche ; au lieu du poignard, la massue ; il ne connaît point et il dédaignerait la datte, la pastèque, le lait du chameau : il veut à ses festins de la chair et du sang. Il n'a point tissé le poil de chèvre pour se mettre à l'abri sous des tentes : l'orme tombé de vétusté fournit l'écorce à sa hutte. Il n'a point dompté le cheval pour poursuivre la gazelle : il prend lui-même l'orignal à la course. Il ne tient point par son origine à de grandes nations civilisées ; on ne rencontre point le nom de ses ancêtres dans les fastes des empires : les contemporains de ses aïeux sont de vieux chênes encore debout. Monuments de la nature et non de l'histoire, les tombeaux de ses pères s'élèvent inconnus dans des forêts ignorées. En un mot, tout annonce chez l'Américain le sauvage qui n'est point encore parvenu à l'état de civilisation, tout indique chez l'Arabe l'homme civilisé retombé dans l'état sauvage. »

Chateaubriand, *Itinéraire de Paris à Jérusalem*, 1811

Méthode

Organisation en vue de l'oral.

Le plan de la question d'ensemble s'apparente à celui d'une dissertation :

1 Une introduction qui présente le sujet, définit un enjeu et propose un plan.

2 Une réorganisation des différents textes. Éventuellement, notez pendant l'année, au gré de vos lectures une ou deux références hors liste dont vous enrichirez ce plan : cela soulignera votre souci d'approfondir la question.

3 Une conclusion qui repose la problématique initiale. Il est préférable de ne pas proposer une solution : une problématique par définition n'en a pas.

SAUVAGES ET CIVILISÉS : PROPOSITION DE PLAN

1. L'éloge de la vie sauvage

A. Le mythe de l'origine
B. Le rêve de liberté
C. La critique des valeurs de la civilisation

2. Les limites de la fiction du « bon sauvage »
A. La défense du progrès
B. La dépréciation du sauvage
C. Du mythe au pittoresque de la vie primitive

De la découverte de l'Autre à l'affirmation de soi

Persan, *extrait d'un ouvrage sur les costumes étrangers du XVIᵉ au XIXᵉ siècle.*

Le droit à la différence, s'il n'est pas toujours respecté aujourd'hui, apparaît cependant comme une revendication légitime dans une société démocratique fondée sur le respect des droits de l'homme.

Au XVIIIᵉ siècle, dans une société d'ordres, le droit à la différence n'a rien d'une évidence. C'est un idéal philosophique que la réalité (des privilèges sociaux, de l'esclavage, des préjugés comme celui qui établit la supériorité de la civilisation européenne sur toutes les autres) vient mettre à mal.

Pourtant dans leur quête de la vérité, les Lumières découvrent et interrogent la différence des êtres, c'est-à-dire ce qui les apparente à un groupe particulier dont on va pouvoir étudier les mœurs, les coutumes, la pensée mais aussi la différence conçue comme singularité d'un individu, création unique de la nature et d'une société vis-à-vis de laquelle cette singularité s'affirme.

On peut donc suivre dans deux directions l'affirmation de la différence : d'une part, la différence est un principe de connaissance qui fait le partage entre l'Autre et le même et sait reconnaître ce qui dans l'Autre est facteur de mouvement, de changement ; d'autre part, la différence est un principe d'identité quand il s'agit d'explorer et d'exposer aux autres ce qu'il y a d'unique dans un être, dans une vie.

L'ÉPREUVE ET L'ÉLOGE DE LA DIFFÉRENCE

Il est dans cette perspective intéressant de confronter le premier chapitre de *L'Ingénu* qui souligne la difficulté et l'intérêt d'accueillir la différence (voir p.76) et la célèbre « Lettre 30 » des *Lettres persanes* de Montesquieu qui place elle aussi un étranger en position de spectateur critique de la société française.

La différence du Persan est d'abord, pour les Parisiens, celle de l'apparence, du vêtement, de l'« air », trace exotique d'un autre monde qu'ils ont du mal à imaginer et qu'ils ramènent à ce simple signe extérieur, confondant le symbole d'une différence et la différence elle-même, au point de ne plus l'apercevoir lorsque ce signe disparaît.

Dès lors la différence du Persan est oubliée après avoir été trop regardée ; après avoir été figée, réduite à un stéréotype (le portrait du Persan répandu partout), elle est noyée dans la masse, niée par une question en forme d'exclusion : « Comment peut-on être Persan ? »

« Rica à Ibben, à Smyrne
Les habitants de Paris sont d'une curiosité qui va jusqu'à l'extravagance. Lorsque j'arrivai, je fus regardé comme si j'avais été envoyé du Ciel : vieillards, hommes, femmes, enfants, tous voulaient me voir. Si je sortais, tout le monde se mettait aux fenêtres ; si j'étais aux Tuileries, je voyais aussitôt un cercle se former autour de moi : les femmes mêmes faisaient un arc-en-ciel, nuancé de mille couleurs, qui m'entourait ; si j'étais aux spectacles, je trouvais d'abord cent lorgnettes dressées contre ma figure : enfin jamais homme n'a tant été vu que moi. Je souriais quelquefois d'entendre des gens qui n'étaient presque jamais sortis de leur chambre, qui disaient entre eux : "Il faut avouer qu'il a l'air bien Persan." Chose admirable ! je trouvais de mes portraits partout ; je me voyais multiplié dans toutes les boutiques, sur toutes les cheminées : tant on craignait de ne m'avoir pas assez vu.

Tant d'honneurs ne laissent pas d'être à charge : je ne me croyais pas un homme si curieux et si rare ; et, quoique j'aie très bonne opinion de moi, je ne me

Gentilhomme persan, *gravure de N. Bonnart, XVIIIe siècle.*

serais jamais imaginé que je dusse troubler le repos d'une grande ville où je n'étais point connu. Cela me fit résoudre à quitter l'habit persan et à en endosser un à l'européenne, pour voir s'il resterait encore dans ma physionomie quelque chose d'admirable. Cet essai me fit connaître ce que je valais réellement : libre de tous les ornements étrangers, je me vis apprécié au plus juste. J'eus sujet de me plaindre de mon tailleur, qui m'avait fait perdre en un instant l'attention et l'estime publique : car j'entrai tout à coup dans un néant affreux. Je demeurais quelquefois une heure dans une compagnie sans qu'on m'eût regardé, et qu'on m'eût mis en occasion d'ouvrir la bouche. Mais, si quelqu'un, par hasard, apprenait à la compagnie que j'étais Persan, j'entendais aussitôt autour de moi un bourdonnement : "Ah ! ah ! Monsieur est Persan ? c'est une chose bien extraordinaire ! Comment peut-on être Persan ?" »

Montesquieu, *Lettres persanes,*
lettre 30, 1721

Portrait d'un Neveu marginal

Diderot, Neveu de Rameau, *gravure de B. Naudin.*

Contrairement au Persan de Montesquieu, le Neveu de Rameau, dans le portrait qui ouvre l'œuvre éponyme de Diderot, ne peut être ramené à une image, une apparence : celle-ci est trop changeante et c'est précisément une succession d'apparences et de changements qui fait la différence du Neveu.

Sa vie s'affirme dans ses paradoxes et par une marginalité qui rompt – comme l'apparition du Persan parmi les Parisiens – une « fastidieuse uniformité ». Dès lors la différence est valorisée dans son pouvoir de révélation et de création. L'original « fait sortir la vérité » : « [...] c'est un grain de levain qui fermente et qui restitue à chacun une portion de son individualité naturelle. »

« Un après-dîner, j'étais là, regardant beaucoup, parlant peu, et écoutant le moins que je pouvais, lorsque je fus abordé par un des plus bizarres personnages de ce pays où Dieu n'en a pas laissé manquer. C'est un composé de hauteur et de bassesse, de bon sens et de déraison. Il faut que les notions de l'honnête et du déshonnête soient bien étrangement brouillées dans sa tête, car il montre ce que la nature lui a donné de bonnes qualités sans ostentation et ce qu'il en a reçu de mauvaises sans pudeur. Au reste, il est doué d'une organisation forte, d'une chaleur d'imagination singulière, et d'une vigueur de poumons peu commune. Si vous le rencontrez jamais et que son originalité ne vous arrête pas, ou vous mettrez vos doigts dans vos oreilles, ou vous vous enfuirez. Dieux, quels terribles poumons ! Rien ne dissemble plus de lui que lui-même. Quelquefois, il est maigre et hâve comme un malade au dernier degré de la consomption ; on compterait ses dents à travers ses joues. On dirait qu'il a passé plusieurs jours sans manger, ou qu'il sort de la Trappe. Le mois suivant, il est gras et replet, comme s'il n'avait pas quitté la table d'un financier, ou qu'il eût été renfermé dans un couvent de Bernardins. Aujourd'hui, en linge sale, en culotte déchirée, couvert de lambeaux, presque sans souliers, il va la tête basse, il se dérobe, on serait tenté de l'appeler pour lui donner l'aumône. Demain, poudré, chaussé, frisé, bien vêtu, il marche la tête haute, il se montre, et vous le prendriez à peu près pour un honnête homme. Il vit au jour la journée. Triste ou gai, selon les circonstances. Son premier soin, le matin, quand il est levé, est de savoir où il dînera ; après dîner, il pense où il ira souper. La nuit amène aussi son inquiétude. Ou il regagne, à pied, un petit grenier qu'il habite, à moins que l'hôtesse, ennuyée d'attendre son loyer, ne lui en ait redemandé la clef ; ou il se rabat dans une taverne du faubourg où il attend le jour entre un morceau de pain et un pot de bière. Quand il n'a pas six sols dans sa poche, ce qui lui arrive quelquefois, il a recours soit à un fiacre de ses amis, soit au cocher d'un grand seigneur qui lui donne un lit sur de la paille, à côté de ses chevaux. Le matin, il a encore une partie de son matelas dans ses cheveux. Si la saison est douce, il arpente toute la nuit le Cours ou les Champs-Élysées. Il reparaît avec le jour, à la ville, habillé de la veille pour le lendemain, et du lendemain quelquefois pour le reste

Frère Armand Jean, Abbé de Notre-Dame-de-la-Trappe, gravure.

de la semaine. Je n'estime pas ces originaux-là.
D'autres en font leurs connaissances familières,
même leurs amis. Ils m'arrêtent une fois l'an, quand
je les rencontre, parce que leur caractère tranche avec
celui des autres, et qu'ils rompent cette fastidieuse
uniformité que notre éducation, nos conventions de
société, nos bienséances d'usage ont introduite. S'il
en paraît un dans une compagnie, c'est un grain de
levain qui fermente et qui restitue à chacun une portion de son individualité naturelle. Il secoue, il agite,
il fait approuver ou blâmer ; il fait sortir la vérité ; il
fait connaître les gens de bien ; il démasque les
coquins ; c'est alors que l'homme de bon sens écoute,
et démêle son monde. »

Portrait de Rousseau,
gravure de Le Mire, 1785.

Diderot, Neveu de Rameau, 1762

L'AFFIRMATION DU « MOI »

Si Diderot s'efforce, dans le *Neveu de Rameau*, de
retrouver sous les masques sociaux, l'« individualité
naturelle », Jean-Jacques Rousseau affirme avec solen-
nité, dans le préambule des *Confessions*, la différence
qu'il trouve en lui-même et dont il entend faire la
matière de son autobiographie.

Par la métaphore du « moule brisé », il souligne une
singularité qu'il conçoit comme un don de la nature et
qu'il veut assumer jusque dans ses contradictions. C'est
dans la confrontation avec la foule de ses semblables
que cette différence se révèle. Il ne s'agit plus du choc
des cultures comme dans la rencontre entre le Persan
et les Parisiens mais de l'affirmation d'un individu qui
refuse d'être noyé dans la foule et qui fait de sa vie et
de son œuvre (« je viendrai, ce livre à la main [...] ») les
symboles de son altérité.

« *Intus, et in cute*

[“À l'intérieur et sous la peau”, Perse, *Satire*, III]

Je forme une entreprise qui n'eut jamais d'exemple
et dont l'exécution n'aura point d'imitateur. Je veux
montrer à mes semblables un homme dans toute la
vérité de la nature ; et cet homme ce sera moi.

Moi seul. Je sens mon cœur et je connais les
hommes. Je ne suis fait comme aucun de ceux que j'ai

vus ; j'ose croire n'être fait comme aucun de ceux qui existent. Si je ne vaux pas mieux, au moins je suis autre. Si la nature a bien ou mal fait de briser le moule dans lequel elle m'a jeté, c'est ce dont on ne peut juger qu'après m'avoir lu.

Que la trompette du jugement dernier sonne quand elle voudra, je viendrai, ce livre à la main, me présenter devant le souverain juge. Je dirai hautement : "Voilà ce que j'ai fait, ce que j'ai pensé, ce que je fus. J'ai dit le bien et le mal avec la même franchise. Je n'ai rien tu de mauvais, rien ajouté de bon, et s'il m'est arrivé d'employer quelque ornement indifférent, ce n'a jamais été que pour remplir un vide occasionné par mon défaut de mémoire ; j'ai pu supposer vrai ce que je savais avoir pu l'être, jamais ce que je savais être faux. Je me suis montré tel que je fus, méprisable et vil quand je l'ai été, bon, généreux, sublime, quand je l'ai été : j'ai dévoilé mon intérieur tel que tu l'as vu toi-même. Être éternel, rassemble autour de moi l'innombrable foule de mes semblables : qu'ils écoutent mes confessions, qu'ils gémissent de mes indignités, qu'ils rougissent de mes misères. Que chacun d'eux découvre à son tour son cœur aux pieds de ton trône avec la même sincérité ; et puis qu'un seul te dise, s'il l'ose : *Je fus meilleur que cet homme-là.*" »

Rousseau, *Confessions*, livre I, 1782

DE LA DÉCOUVERTE DE L'AUTRE À L'AFFIRMATION DE SOI : PROPOSITION DE PLAN

1. L'épreuve et l'éloge de la différence

A. L'affirmation de la différence : de la différence comme apparence à la différence comme existence
B. La différence menacée
C. Les vertus de la différence : tolérance et esprit critique

Portrait de Rousseau, gravure de Colbert Antoine, 1734.

2. L'affirmation du « moi »

A. La recherche de l'« individualité naturelle »

B. La confrontation entre le « moi » et le monde
C. L'interrogation sur l'identité

À droite, Rousseau, page manuscrite de La Nouvelle Héloïse.

Le mythe de Robinson

On peut penser aux textes qui évoquent le personnage de Robinson Crusoé ou qui ont exploité le thème de l'aventurier. On se reportera à la présentation du *Robinson Crusoé* de Daniel Defoe et de *Vendredi ou les Limbes du Pacifique* de Michel Tournier, p. 90. On lira également les pages consacrées par Jean-Jacques Rousseau à Robinson dans l'*Émile* : le livre de Defoe est une des rares lectures conseillées par le philosophe à son élève. On confrontera l'histoire originelle et les récits d'aventure de Jules Verne : *L'Île mystérieuse* et *Deux ans de vacances*. On trouvera enfin dans les *Images à Crusoé* de Saint-John Perse une version poétique du mythe.

L'étranger

Pour compléter le thème « De la découverte de l'Autre à l'affirmation de soi », on peut regrouper des textes des littératures françaises et étrangères autour de la figure de l'« étranger ». Le thème, dans ses dimensions culturelles et psychologiques, pourrait être abordé en particulier dans trois romans importants : *L'Idiot* de Dostoïevski, *L'Étranger* de Camus et *Homo faber* de Max Frisch.

Le Triomphe de Paul et Virginie, *illustration du roman de Bernardin de Saint-Pierre.*

Le rêve exotique

Nombreux sont les textes qui construisent le mythe du bonheur exotique depuis *Paul et Virginie* de Bernardin de Saint-Pierre jusqu'au *Bateau ivre* de Rimbaud, en s'attachant plus spécialement aux multiples suggestions de l'exotisme chez Baudelaire dans les *Fleurs du mal* (voir « Exotisme », p. 40).

Lettre I.

Julie à Mad.e d'Orbe.

Que tu tardes longtems à revenir ! Toutes ces allées et venües ne m'accomodent point. Que d'heures je perden à te rendre si souvent où tu devrois toujours être et, ce qui est bien pis, à t'en éloigner ? L'idée de je vor pour si peu de tems gâte tout le plaisir d'être ensemble. Ne sens-tu pas qu'être aimi alternativemen chez toi et chez moi, c'est n'être bien nulle part ; et n'imagine-tu point quelque moyen de faire que tu sois en même tems chez ~~toi et chez moi tout~~ l'une et chez l'autre

Que faisons-nous, chère Cousine ? Que d'instans précieux nous laissons perdre quand il ne nous en reste plu à prodiguer ! Les années se multiplient ; la jeunesse commenc à fuir, la vie s'écoule, le bonheur passager qu'elle offre est entre nos mains, et nous négligeons d'en jouir. Te souvient-il du tems où nous étions encore filles, de ces premiers tems si charmans et si doux qu'on ne retrou plus dans un autre âge, et que le cœur oublie avec tant de peine ? Combien d

pour peu de jours et même disions en nous embrassan nous disposons de nous, on n Nous en disposons maintenan de l'année éloignées l'une de ai merions nous moins ? Chér sentons toutes deux, combien bienfaits ont rendu nôtre plus doux encore. Pour m de jour en jour plus insupportable, et je ne puis plus vivre un instant sans toi. Le progrès de nôtre amitié es

Jugements d'écrivains contemporains

Michel Tournier, né en 1924, romancier

Commentant son propre roman, *Vendredi ou les Limbes du Pacifique*, Michel Tournier décrit la métamorphose de Robinson, l'homme civilisé, initié à la vie sauvage par Vendredi.

« C'est Vendredi qui mène le jeu, il invente et il précipite Robinson dans l'invention où l'Anglais ne s'était hasardé que timidement jusque-là, l'île administrée n'étant qu'une scrupuleuse reconstitution de la civilisation perdue. Le principe de Vendredi est aérien, éolien, ariellien. Ses attributs s'appellent la flèche, le cerf-volant, la harpe éolienne. C'est d'ailleurs ce qui le perdra, car il ne saura pas résister à la séduction du fin voilier anglais qui jettera l'ancre au large de l'île. Robinson a d'abord appartenu au règne terrestre. Il avait du paysan l'âpreté et la lenteur. Il va d'abord jusqu'au bout de cette vocation en aimant son île comme un enfant aime sa mère (épisode de la grotte), puis comme un époux aime sa femme (épisode des mandragores). Mais il subit ensuite une lente métamorphose qui le tourne vers le soleil et que l'influence de Vendredi portera à son achèvement. »

Le Vent Paraclet, Gallimard, 1977

Sigmund Freud (1856-1939), fondateur de la psychanalyse

Dans son célèbre essai, *Totem et Tabou*, Sigmund Freud établit un parallèle entre le névrosé et le primitif. Voici sa conclusion :

« Ne nous laissons toutefois pas trop influencer, dans nos jugements sur les primitifs, par leur analogie avec les névrosés. Il faut également tenir compte des différences réelles. Certes, ni le primitif ni le névrosé ne connaissent cette séparation nette et tranchée que nous établissons entre la pensée et l'action. Chez le névrosé l'action se trouve complètement inhibée et totalement remplacée par l'idée. Le primitif, au contraire, ne connaît pas d'entraves à l'action ; ses idées se transforment immédiatement en actes ; on pourrait même dire que chez lui l'acte remplace l'idée, et c'est pourquoi, sans prétendre clore la discussion (dont vous venons d'esquisser les grandes lignes) par une décision définitive et absolue, nous pouvons risquer cette proposition : "au commencement était l'action". »

Totem et Tabou, 1913

Tzvetan Todorov, né en 1939, essayiste

Tzvetan Todorov explique, dans *Nous et les autres*, les raisons pour lesquelles le mythe du « bon sauvage » s'est développé dans les relations de voyage du XVIe et au XVIIe siècle.

« On peut se demander si, à une époque où les voyages sont coûteux et dangereux, il n'y a pas une pente naturelle qui entraîne les voyageurs à louer ce qu'ils ont vu : comment justifier, sinon, les risques, les fatigues, les dépenses ? Cette bienveillance "naturelle" du voyageur d'alors s'accompagne probablement d'un esprit critique à l'égard de son propre pays, qui précède et prépare le voyage ; car, si l'on est parfaitement satisfait de tout ce qu'on voit autour de soi, pourquoi partir ? Réciproquement, si l'on est mécontent de sa vie, et qu'on veuille la changer, on se résigne à agir sur ce qui se laisse modifier le plus facilement : l'espace où l'on se trouve (il suffit de partir) ; le voyage dans le temps, en effet, ne nous est pas encore accessible ; quant à la modification de la vie chez nous, elle exige de longs efforts et beaucoup de patience. Pour celui qui rêve à changer de vie, à changer la vie, le voyage est le moyen le plus simple.

On ne s'étonnera donc pas de trouver l'image du " bon sauvage " et sa contrepartie obligée, la critique de notre propre société, abondamment présentes dans les rela-

tions de voyage. Un tel choix a quelque chose
d'automatique ; à preuve le fait que, pour les voyageurs français, tous les "sauvages" se ressemblent :
peu importe qu'ils habitent l'Amérique ou l'Asie,
qu'ils viennent de l'océan Indien ou du Pacifique ; ce
qui compte, en effet, c'est qu'ils s'opposent à la
France. »

Nous et les autres, éditions du Seuil, 1989

Julia Kristeva, née en 1941, linguiste et psychanalyste

Julia Kristeva s'interroge sur la fameuse tolérance
de Montaigne, préparée, selon elle, par la reconnaissance par l'auteur des *Essais* de sa propre différence.
Elle éclaire ainsi la genèse d'un humanisme accueillant
au « bon sauvage ».

Portrait de Montaigne,
gravure de Cherreau
Le Jeune

« Montaigne défend les religions et les races contre les
excès des religions et des races : le moi "chétif" serait-il
le premier antiraciste ? le premier anticolonialiste ?
   Une suspicion pourtant s'impose au lecteur moderne ;
cette généreuse acceptation des "autres" par le moi
mobile et jouissif de Montaigne est-elle une reconnaissance de leurs particularités, ou au contraire une absorp-
tion nivelante, de bonne foi certes, mais récupératrice, des
traits distinctifs des indigènes au sein d'un humanisme
apte à avaler toutes les surprises et tous les inconnus ?
   Toutefois, pour et par le moi qui se sait aussi barbare,
une universalité humaine naturelle est en train de se for-
muler, qui récuse la suprématie sans effacer les distinc-
tions. »

Étrangers à nous-mêmes, Fayard, 1988

Alexander Sutherland Neill, né en 1883-1973, pédagogue

A.S. Neill propose une éducation fondée sur la liberté,
expérimentée à Summerhill. Il s'agit de préserver la
« véritable » nature des enfants. On n'est pas loin du
mythe d'un « bon sauvage » libre, sincère et heureux.

« La liberté est nécessaire à l'enfant parce que seule la liberté peut lui permettre de grandir naturellement – de bonne façon. Je vois les résultats de l'asservissement dans mes nouveaux élèves en provenance d'écoles secondaires de toutes sortes. Ils ne sont qu'un tas d'hypocrites, avec une fausse politesse et des manières affectées. [...]

Il leur faut dix mois pour perdre leur hypocrisie. Après cela ils perdent leur déférence envers ce qu'ils regardaient auparavant comme l'autorité. Au bout de dix mois environ, ce sont des enfants naturels et sains qui disent ce qu'ils pensent, sans rougir, ni haïr. Quand un enfant grandit librement dès son jeune âge, il n'a pas besoin de traverser ce stade de mensonge et de comédie. La chose la plus frappante à Summerhill, c'est la sincérité de ses élèves.

La question de sincérité dans la vie et vis-à-vis de la vie est primordiale. C'est ce qu'il y a de plus primordial au monde. Chacun réalise la valeur de la sincérité de la part de nos politiciens (tel est l'optimisme du monde), de nos juges, de nos magistrats, de nos professeurs, de nos médecins. Cependant, nous éduquons nos enfants de telle façon qu'ils n'osent être sincères.

Il se peut que la plus grande découverte que nous ayons faite à Summerhill, c'est qu'un enfant naît sincère. Nous avons décidé de laisser les enfants tranquilles afin de découvrir leur véritable nature. C'est la seule façon de procéder avec eux. »

Libres Enfants de Summerhill, Maspéro, 1960

Découvertes du capitaine Cook et de La Pérouse, gravure de Phélipeau, d'après un dessin de Saint-Sauveur.

Tableau des Découvertes du Cap. Cook, & de la Pérouse

Sujets de composition française

ANCIENS...

Le voyage, la découverte d'autres pays et d'autres peuples ont toujours inspiré les écrivains. Estimez-vous que ce thème est synonyme d'évasion, de distraction ou peut-il présenter d'autres intérêts ?

Voltaire et Rousseau se sont opposés dans leur jugement sur le passage de l'état de nature à l'état civilisé. Imaginez un dialogue entre eux et tentez de l'arbitrer.

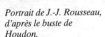

Expliquez et commentez ces interrogations de Chateaubriand : « Est-il bon que les communications entre les hommes soient devenues aussi faciles ? Les nations ne conserveraient-elles pas mieux leur caractère en s'ignorant les unes les autres, en gardant une fidélité religieuse aux habitudes et aux traditions de leurs pères ? »

Portrait de J.-J. Rousseau, d'après le buste de Houdon.

Commentez le jugement de Claude Lévi-Strauss : « Le barbare, c'est d'abord l'homme qui croit à la barbarie. »

... ET MODERNES

A-t-on des raisons de penser aujourd'hui que notre civilisation est en crise et peut-on trouver du côté du « naturel » des réponses à nos interrogations et à nos aspirations ?

Estimez-vous comme Alexander Sutherland Neill qu'il ne faut pas discipliner l'enfant parce que « seule la liberté peut lui permettre de grandir naturellement – de la bonne façon » ?

Expliquez le pouvoir exercé sur l'imagination au cours des siècles par le mythe du « bon sauvage ». Pensez-vous que ce pouvoir a prolongé ses effets jusqu'à notre époque ? Vous emprunterez vos exemples à la littérature, aux arts et au cinéma.

L'esclavage semble avoir disparu de nos sociétés civilisées et démocratiques. Partagez-vous cette opinion ou estimez-vous qu'on peut en douter et qu'on puisse parler de formes modernes d'esclavage ?

Voyage autour du monde, J. F. La Pérouse, 1797.

Filmographie

Parmi les nombreux films consacrés à la confrontation des « sauvages » et des « civilisés » (pensons aux innombrables westerns...), on peut retenir :

John Boorman, *La Forêt d'émeraude* (1985).
Werner Herzog, *Aguirre, la colère des dieux* (1972), *Fitzcarraldo* (1982) et *Le pays où rêvent les fourmis vertes* (1983).
Roland Joffé, *Mission* (1986).
Kevin Kostner, *Danse avec les loups* (1990).
Arthur Penn, *Little Big Man* (1969).

Sur le thème de l'enfant sauvage
François Truffaut, *L'Enfant sauvage* (1969).

La Forêt d'émeraude, *film de John Boorman, 1985.*

Bibliographie

Outre les ouvrages présentés pp. 90-96 et dans le « Petit dictionnaire du "Bon sauvage" », on peut consulter :

Dans le domaine de la fiction
James Fennimore Cooper, *Le Dernier des Mohicans*, 1826.
Aldous Huxley, *Le Meilleur des mondes*, 1932.
Jean-François Marmontel, *Les Incas*, 1777.
Mercier, *L'Homme sauvage*, 1767.
Montesquieu, *Les Lettres persanes*, « Apologue des Troglodytes », Lettres 11 à 14, 1721.

Sur les problématiques du « bon sauvage », du mythe naturel et de la rencontre avec l'Autre
– Michèle Duchet, *Anthropologie et histoire au siècle des Lumières*, Flammarion, 1977.
– Sigmund Freud, *Malaise dans la civilisation* (chap. III), 1929, PUF, 1971.
– R. Harrison, *Forêts. Essai sur l'imaginaire occidental*, Flammarion, 1992 (trad. F. Naugrette).
– Julia Kristeva, *Étrangers à nous-mêmes*, Fayard, 1988.
– Claude Lévi-Strauss, *Race et histoire*, Unesco, 1952 et *Tristes Tropiques*, Plon, 1955.
– Étienne Taillemite, *Sur des mers inconnues. Bougainville, Cook, La Pérouse*, Gallimard, coll. « Découvertes », 1987.
– Tzvetan Todorov, *Nous et les autres. La réflexion française sur la diversité humaine*, éditions du Seuil, 1989.

AUTRES ŒUVRES SUR LE «BON SAUVAGE»

GROUPEMENTS THÉMATIQUES

MÉMENTO

* Les 24 premières pages reproduisent
le dossier conçu par ANNE BRUNSWIC
pour le magazine *Lire*.

Solutions

FICHE DE LECTURE, Test-rappel, PAGE 50

1.c - **2**.b - **3**.a - **4**.b - **5**.c - **6**.b - **7**.c - **8**.b - **9**.a - **10**.c - **11**.c - **12**.a - **13**.c - **14**.c.
15.b - **16**.a- **17**.c - **18**.a- **19**.c - **20**.b.

Crédits photographiques

Andersen/Gamma, 17. Bibliothèque nationale, Paris 25, 26b, 27, 29, 30h, 30b, 31, 32, 33h, 33b, 34b, 35, 36, 38, 39, 40, 41, 43, 45, 46, 47, 48h, 48b, 50, 52, 53, 54, 55, 56, 57, 58, 59, 61, 62, 63, 64, 65, 66, 68, 69, 70, 71, 72, 73, 77, 80h, 82, 83, 84, 86h, 86b, 87, 88, 89, 91, 92h, 92b, 93, 94, 95b, 96, 97, 98, 100, 101, 102, 104, 105, 106, 107, 108, 109, 110, 111, 113, 114, 115, 116, 119, 120, 121, 122, 123. Bibliothèque nationale, Paris/© Spadem 112. Bibliothèque publique universitaire de Neufchâtel 75. Bulloz, Paris 12, 16. Jean-Loup Charmet, Paris 9, 16, 18, 22. Christophe L., Paris 11, 14, 15, 20. Dagli-Orti, Paris 6, 9, 10. Dambier/Sygma, Paris 5h. D.R. 5b, 34h, 37, 42, 60 Prod DB 21. Prod DB/Embassy Picture Inc. 124. Flammarion 19. Gallimard, Paris 44. Magnum/Cartier-Bresson, Paris 95h., Monier/APPM 23. Musée de Léningrad/Dagli Orti 4. Musée de Nantes 90. Musée du Nouveau Monde, La Rochelle 7. R.M.N. 2, 3h. Roger-Viollet, Paris 117. Sygma 13.

Collaborateurs

Comité de rédaction : .... Anne Brunswic
.... Christian Biet
.... Jean-Paul Brighelli
Coordination éditoriale : .... Cécile Dutheil de la Rochère
Iconographie : .... Caterina d'Agostino,
.... Bénédicte Bouhours
Maquette, conception et réalisation : .... Jöelle Bailly, EGO VIDEO

Dans la même collection

L'AUTOBIOGRAPHIE

BALZAC	FLAUBERT
BAUDELAIRE	PROUST
DIDEROT	STENDHAL
DON JUAN	VOLTAIRE
LE FANTASTIQUE	ZOLA

Tous droits de traduction et d'adaptation réservés pour tous pays, © Gallimard, 1993
Toutes les références à *L'Ingénu* de Voltaire renvoient à l'édition Folio, © Gallimard

Dépôt légal : août 1993
Numéro d'édition : 63958
ISBN : 2-07-057921-2

Imprimerie Hérissey à Évreux – N° 62520